学行教育实践论

重庆市广益中学校学行教育理论与实践

章显林 编著

XUEXING JIAOYU SHIJIAN LUN

CHONGQINGSHI GUANGYI ZHONGXUEXIAO
XUEXING JIAOYU LILUN YU SHIJIAN

四川人民出版社

作者简介

章显林，中学正高级教师，重庆市骨干校长，重庆师范大学硕士生导师。毕业于新加坡南洋理工大学，现任重庆市广益中学校党委书记、校长。被评为重庆市优秀教育工作者、重庆市教书育人楷模、南岸区优秀教育工作者、南岸区优秀党务工作者、南岸区教育系统好校长。曾在重庆市人文校园建设"百佳"评比活动中荣获"百佳人文校长"称号。

曾参加教育部第12期全国优秀校长高级研究班、教育部第43期全国高中校长研修班、重庆市卓越校长工程中新合作培训班。主持过重庆市规划课题"依托校本研修，提高课堂教学有效性的研究"等市、区级课题5项，其中"发展中学生主体意识与主体能力的实验研究"获重庆市首届中小学教学成果三等奖；"依托校本研修，提高课堂教学有效性的研究与实践"获重庆市人民政府教学成果三等奖及南岸区人民政府创新成果一等奖。主编出版过《学生小课题研究方法及案例》《任务驱动与个性解读》等10余本书籍。

重庆市广益中学校简介

　　重庆市广益中学校（原重庆5中）是重庆市重点中学、首批全国校园足球特色学校、国家A级旅游景点学校。学校现有广益本部校区和文峰校区两个校区，毗邻重庆邮电大学和重庆第二师范学院，是一所全封闭寄宿制学校。学校建于1892年，由英国伦敦基督教公谊会在重庆大梁子（今渝中区新华路）创建广益男校，其后迁至下都邮街（今解放碑美美百货）、巴县崇文里（现址），先后更名为广益书院、广益学堂、广益中学、重庆市私立广益中学校、四川省重庆市第五中学校、四川省重庆市广益中学校、重庆市广益中学校。建校128年来，办学硕果累累，培养出数万人才，培养了邹容、王朴等知名校友，其中党和国家领导人1名，中科院、工程院、社科院院士3名，新中国改革开放40年"改革先锋"1人。

　　古朴典雅的校园。学校位于南山肺叶，环抱在青山绿树中，小桥流水、回廊花架，森林覆盖面积在60%以上。塔影、古道、松涛与琅琅读书声，演奏着森林广益的和谐乐章；沧桑古朴的民主走廊、庄严古老的石门、斑驳古旧的铜钟，益智、益情、益身心。

　　终身发展的理念。学校旨在培养"有学有行有个性的现代人"，为学生一生的发展奠基。学校秉承"行远自迩，登高自卑"的百年校训，坚持"增广学行，益国利民"的办学理念，通过"益信、益品、益智、益行、益身"五大课程体系，培养学生"德智体美劳"全面发展，以"身心健康，人格高尚，世界眼光，有学有行"为学生发展目标，培养有担当的时代新人。

差异培养的教育。学校尊重学生兴趣、爱好和特长，搭建多元成长平台，以活动为载体，推进"三全育人"，常态化开展成人礼、体艺节、科技节等活动，有书画社、戏剧社、花艺社、考古社、街舞社、科技社等20多个学生社团，为学生发展提供广阔天地；从学情出发，实施差异教学，实行分层培养、走班教学，聚焦核心素养，致力于每位学生不同层次的提高和发展。

多元成才的质量。学校教育质量一年一个台阶，2017年高考上重本403人，上线率53.2%，3位学生考入清华；2018年高考上重本521人，上线率56.6%；2019年高考上重本603人，上线率60.1%，一位学生获得南岸区理科裸分第一名。其中，美术专业本科上线率达到90%以上，考上清华美院、中央美院和中国美院等名校的共计15人。

学生特长发展成效突出。学生近三年在全国类赛事中获奖55人次，在重庆市各类市级比赛中获奖200多人次，在区级以上的比赛中获奖600多人次。其中，初中女子足球获得全国少年足球比赛U-12冠军；2018年重庆市校园足球联赛中，男女足球队均获得重庆市校园足球冠军；啦啦操比赛获得全国冠军，代表中国到美国参加比赛；机器人大赛获得亚洲锦标赛亚军。

目　录

如何在传承与创新中实现特色发展

——重庆广益中学"学行教育"的探索与实践

基础教育的深化改革,主要任务是落实立德树人。在现代教育"以人为本和以学为本,知行合一和学教统一"的教育理念下,学校教育落实立德树人,必然需要个性化践行,需要在

章显林在开学典礼上演讲

传承与创新中实现特色发展。广益中学的学校教育,当思益国利民,做到"静心做教育,学行伴终生"。

个性化发展是相对社会化发展而言的一种发展。首先,一所学校的发展必须走社会化的道路,也就是走全面贯彻党的教育方针、全面实施素质教育、全面深化课程改革的社会化之路。广益中学把积极推动教育创新、探索高考综合改革、为人民群众提供优质多元的教育资源作为百年名校的责任与使命。然而,由于学校教育资源差异的存在,资源利用途径的不同,特别是各个学校传承的文化核心的不同,以及把握学生培养目标重点的不同,学校需要创新努力的着力点不同,因此,学校的发展,关键还在于个性化发展。

其次,多元化的教育需要有个性化的学校办学。面对信息化、网络化、各类科学技术改变教育的时代,我们所依赖的教育基础——文

化与经济的改变，要求学校办学高度重视多元化的文化选择。纵观广益中学百年历史，一代代广益人都有永不服输的意志和决心，中华传统文化是多元文化选择中的一个重要且必需的选择，一方面是其博大精深的文化内涵有着深远的教育影响，如格物致知、知行合一、因材施教、重德感化等教育影响；另一方面是其文化代表——儒家礼学、道家道学、佛家佛学，引导着教育对于人性的不同认识，决定教育培养目标的丰富多元；第三方面是其文化特色，特别是重文习德、潜移默化、天人合一、以人为本等特色，对于基础教育走中国特色的道路是难得的教育思想源流，因此学校教育的个性化办学决定学校的特色。

最后，学校的治学需要有校长的个性化治学。现代学校的领导与管理有依法、依理、依人三个重要的原理与方法。依法是依法治国对于学校的办学、对于校长的领导与管理要求必须有法律法规作为依据，如教育法、义务教育法、教师法等。依理是依据教育的原理与方法，把握学校教育教学工作的规律，指导与引领学校的发展，如以人为本、先学后教、学本式管理等原理与方法指导学校的教育教学工作。依人是从学生与教师的核心素养培养的需要上，从学校干部教师的特长发挥上去思考学校的办学，去管理好学校的发展。学校教育质量不断提高的背后，靠的是团队，这是百年广益教育制胜的法宝。

重庆市广益中学校是重庆市重点中学，有一百多年的办学历史，其学校的文化选择在于"增广学行，益国利民"，具体侧重在"益信、益品、益智、益行、益身"五大课程群的教育功能发挥上。学校发展过程中，以学行文化作为内涵，强调"行远自迩，登高自卑"的学校治学方略，把足球特色、艺术教育特色、校史德育、学行课程、学导式教学、校友文化等作为校长治学管理的主要要求，不仅继承了学校"广益"二字的文化脉络，而且在现代化学校发展上充分体现出了"德育为先，能力为重，有学有行，自信责任"的特色与个性。作为校长，我个人认为：教育是在为未来培养人，学生现在所学的知识要为将来铺路，这就要求学校教育不仅要给予知识，更重要的是锻炼能力。

本书作为广益学行文化的沉淀，主要是学校多年来对于教育的一种理解与情怀。在教育的理解上，"学行"二字是关键词。"学"意味着一种知与思：在知上，学就是要对于人和事有科学与人文的感知、领会与理解；在思上，学就是要有思考活动与思想的产生。因此，学行教育中的"学"本身重点是指理解与思考、思想的获得。"行"意味着实践与创新：在实践上，"行"就是一种问题的解决与知识的运用，是能力的表现与个性特长的展示；在创新上，"行"是一种再造性活动，是发明与创造，是指向新改变的有所作为。因此，学行教育中的"行"本身重点是指有用与有所作为，是创新与改变。

广益的教育情怀，是"应物立人，明体达用"的教育情感与教育志向。"应物立人"的内涵，首先是尊重客观事物的发展规律，是对于教育的朴实与道理的保持与探索，在教育的若干过程中实现人的成长与成才目标；其次，"应物立人"需要传承中华文化对于人的肯定与人的感化教育，肯定人的第一宝贵和天人合一的认识是中华传统文化中的精髓，符合现代社会"以生为本，以学为本，知行统一"的教育理念。当然，感化教育对于人的成长，特别是中国人的"定心、格物、修身、齐家、治国、平天下"成长之路而言，是学校教育需要重视的，用现代教育方式说就是"润心或潜移默化"教育。

"明体达用"是相当重要的教育目的和教育理想。从教育目的上讲，"明体"是明白事物的根源，知道事物的结构与功用，如教育要引导学生认识人的根源，要明白做人做事的道理，要知道社会的基本结构与功能所在等。"达用"是通达与通用，也是最佳与最美的运用，教师的教育教学，学生的学习与实践，都需要将"达用"作为教育的原则与要求，都可以作为教育评价的最高标准。

新的教育发展指向未来教育，广益中学的改革深化需要通过"个性化"落实立德树人的根本任务。立足"学行教育"，走"历史立校，文化兴校"之路，一是把学校的丰富历史内涵用"广益"二字去统率与注释，以主题德育、生活德育、互联网德育的多种德育教育的途径与方式去思考与践行。二是注重"学行"课程的开发，学导模式的课堂教学，学行兼备的素质教育，学生成长的"行远自迩，登高自卑"成人格言，最终实现"学行教育"的办学思想先进，人才培养质量一流，学行特色鲜明，教师专业素养高的办学追求。

最后，作为学校校长，我要感谢一代又一代的广益人为"学行教育"落实立德树人根本任务做出的努力与贡献，要为广益中学的明天发展而追求人生与教育的价值而呼唤。

此为《学行教育实践论——重庆市广益中学校学行教育理论与实践》书序。

重庆市广益中学校校长　章显林

2019年10月于重庆广益校园

第一篇 学行教育概述

重庆市广益中学校是重庆百年名校之一，有着深厚的历史文化底蕴，早在学校教会办学时期，就提出了"学贯中西，明体达用，养成高尚之人格，近则维持社会，远则补助国家，推而至于全球"的办学宗旨。私立学校时期，校长杨芳玲提出"有学无行何以立人，有行无学何以应物"的教育理念。在新时代，章显林校长在传承的基础上，提出"增广学行，益国利民"的办学理念，逐步建构起理念系统、课程系统、管理系统和文化系统，自学校成为重庆市重点中学以来，坚持把"有学有行，学行结合"作为学校办学的内核，开展学行教育的理论与实践探索，取得了学校教育的跨越式发展。

当前，深化课程改革落实立德树人的根本任务是基础教育的总体改革发展要求，学校如何更科学地认识学行教育，又如何更优化学行教育的实践，在学行教育深化理解与设计的基础上，"不忘初心，继续前行"，学校在"知与行、思与行、行知结合"更多的教育方面上做出解答。

一、学行教育思想的根与源

中国是世界上产生教育思想最早的国家之一。中国古代有许多著名的教育思想家，如孔子、孟子、老子、韩非子等。学行教育一方面可从中国古代的教育思想宝库中，寻找到重要的思想根源；另一方面在重庆广益中学的办学历程中，也有其丰富的历史根源。

1. 学行教育思想的根

中国古代有哲学家认为，人的教育不仅要认识（知），而且要实践（行），只有把"知"和"行"统一起来，才能称得上"善"。大教育家孔子主张：学思行并重。以孔子教育思想为主流的思孟学派，进一步提出"博学之，审问之，慎思之，明辨之，笃行之"（《礼记·中庸》）。

关于"学"，中国古代的重点在于"为学"与"好学"两层意思。在"为学"上，孔子认为"君子博学于文，约之以礼"（《论语·雍也》），主张"博学"，其中主要内容是学习"诗、书、礼、乐、射、文、行、忠、信"，所以，"为学"要求学好知识文化、修好人格、增长智慧、掌握技能等全面成长的学习。在"好学"上，孔子说："学而时习之，不亦说乎？"主张"学"重于"乐学"，也就是"知之者不如好之者，好之者不如乐之者"（《论语·雍也》）。同样，孔子更主张学与思结合，要"学而时习之"，要做到"三人行，必有我师"，要"择其善者而从之，其不善者而改之"（《论语·述而》），更要"见贤思齐焉，见不贤而内省也"（《论语·里仁》）。

关于"行"，中国古代的重点在于"用与创"。在"用"的问题上，孔子主张"下学而上达"（《论语·宪问》），"学以致用"等。同时孔子还认为："诵《诗》三百，授之以政，不达；使于四方，不能专对；虽多，亦奚以为"（《论语·子路》），"言忠信，行笃敬，虽蛮貊之邦行矣；言不忠信，行不笃敬，虽州里行乎哉"（《论语·卫灵公》）。在"创"的问题上，孔子主张："不愤不启，不悱不发。举一隅不以三隅反，则不复也"（《论语·述而》）。同时，孔子更认为："吾始于人也，听其言而信其行；今吾于人也，听其言而观其行"（《论语·公冶长》），"行"应当与人的行为志向密切联系在一起。要做到"士不可以不弘毅，任重而道远"（《论语·泰伯》），"三军可夺帅也，匹夫不可夺志也"
（《论语·子罕》）。

关于"学"和"行"的密切联系，中国古代十分重视知行的统
一，志学行配合。孔子认为：人的一生都应追求自己的理想，都需要
在追求理想的路上不断地学习、实践、再学习，直到理想实现。因
此，学做结合，知行合一，是儒家学说的核心。正是如此，以孔子教
育思想为代表的中国古代教育哲学是学行哲学，可以说，孔子本身就
是一个学行教育的倡导者。

2. 学行教育思想的源

明朝思想家王阳明首次提出知行合一学说。"知"主要指人的道
德意识和思想意念，"行"主要指人的道德践履和实际行动。知行是
指知道然后行动，知是行的主意，行是知的功夫；知是行之始，行是
知之成。因此，知行关系是一个统一的、互相依存的关系，知行合一
是学行教育的思想之源。

学行是指学问与品行。根据知行合一的观点，人的知识是学出
来的，人的能力是练出来的，人的境界是修出来的。王阳明认为：
"无善无恶心之体，有善有恶意之动，知善知恶是良知，为善去恶是
格物。"此处格物的含义就是学行中的"学"，重点是对于天地万物
与社会大学堂的认知和学习，而且学的过程是：博学、审问、慎思、
明辨、笃行。学行教育，对于人的"学"可以有若干的内涵：一为志
学，讲求人的学习需要同人的立志结合，有目的、有方向、有志向的
学，才可能是真学与有效的学；二为乐学，讲求人的学习需要从中获
得乐趣，需要在愉快的过程中完成学，"知之者不如好知者，好知者
不如乐知者"就是要求要乐学；三为行学，讲求学习与实践结合，学
以致用。学的目的不在于学多少，而在于应用，在于实践，在于能不
能"不愤不启，不悱不发，举一反三"。

学行中"行"的主要内涵是指人的品行。中国人最重视的是人

的品行，把品行放到一个人的人格高度去认识。孔子主张："非礼勿视，非礼勿听，非礼勿言，非礼勿动。"《孟子》提出"富贵不能淫，贫贱不能移，威武不能屈"的做人要求，儒家的《论语》中强调"三军可夺帅也，匹夫不可夺志也"。因此，对于中国人的品行而言，需要意识到"德才兼备谓之圣人，德才兼亡谓之愚人，德胜才谓之君子，才胜德谓之小人"。中国古代把人的品行同玉石的材质相比拟，主张"君子比德于玉"，说一个君子（主要是指有身份、有才干的人）的品德要像玉石一样有"五德"或者"七德""九德"等。

学行结合的最佳方式是学行合一或学行统一。依据知行统一的思想，学行合一就是要求学习知识、学会做人、学会实践和学会创新，在志学、乐学、行学的过程中，培养自我的道德情操，做一个有品行的人。对于学行统一，强调的是二者要互相促进，互相影响。依教育思想家孔子所言，就是"行之有道，学以致用"。学行最高的目标有三：修己成人、修己安人、修己善群。修己成人是实现"修身、齐家"的成人目标；修己安人是实现"己欲立而立人，己欲达而达人"的教育目标；修己善群是实现"治国、平天下"的人生目标。

3. 学行教育的史略

广益中学全面实施素质教育、贯彻党的教育方针、培养建设者和接班人，学行教育从根源到发展理念，从粗放到精细，从一般到特殊，从低水平向高水平的发展，受到了广益全体师生和社会各方人士的热心关注与支持，具体走过了五个明显的发展阶段：

（1）私立学校时期确立办学宗旨——"学贯中西，明体达用，养成高尚之人格，近则维持社会，远则补助国家，推而至于全球"。

（2）私立学校时期提倡学行并举——提出校训"行远自迩，登高自卑"，主张"有学无行何以立人，有行无学何以应物"。

（3）五中时期注重实践探索——重视实践，以特长和技能为主导，在实践中去学习。

（4）更名复兴时期提出学行理念——120周年校庆，提炼并完善办学理念为"增广学行，益国利民"，有学有行，知行合一。

（5）特色发展时期提倡学行教育实践理论——探索从理论、理念、课程、课堂、文化等视角来系统建构，培养"有学有行有个性的现代人"，"学行"合一，学至于行。

学术论坛

4. 学行教育的内涵

学行教育有着丰厚的文化基础。其办学理念"增广学行、益国利民"源于广益校名及文化传承。学校取名为广益，因为它本身是1892年由英国伦敦基督教公谊会创办的中学，英国基督教公谊会最初的名称为"真理中的朋友""朋友会"等，传入中国后，在四川把"朋友会"译为"公益会"。公益会在重庆创办了"Friends High School"，中文译为"广益中学"。广益学行源自广益中学在私立学校时期，杨芳龄校长提出的"尝思所以策励诸同学者，亟亟以力学励行为鹄"，诚以"有学无行何以立人，有行无学何以应物"，既勉以读书之勤，更勖以为人之道。这里所谓的"行"，是德；所谓的"学"，是智。

学行二字，有其历史源头，《后汉书·儒林传下·钟兴》中说："恭荐兴学行高明，光武召见，问以经义，应对甚明。"《陈书·姚察传》中说："闻姚察学行，当今无比。"方孝孺《先府君行状》中说："曾大父讳重桂，乡贡进士，有学行，学者尊之曰介轩先生。"薛福成《庸盦笔记·轶闻·学政总裁先后甄拔得人》中说："诸城窦东皋先生光鼐，学行深纯。"到现在经过学校不断的探索与提炼，学行主要是指：增长学问，完善品行，品行学识并举。整体上讲，学行教育的目标在于：加强社会主义核心价值观教育，完善中华优秀传统文化教育，注重学生知识、道德和能力的培养，促进教师学识和德行等方面的专业发展，增强学生社会责任感、创新精神、实践能力，使师生在立身处世、做人做事等方面有利于国家和人民。

二、学行教育的思与行

笔者认为，"培养有学有行有个性的现代人"是学行教育的教育追求，而"面向全体，关注差异，异步发展"则是学行教育的美好育人愿景。多年来，重庆广益中学倡导"名校之特在于个性，名校之魂在于理念；忆往昔峥嵘岁月，瞻未来美好前景"。在学行教育的思与行上，重视继承"爱国爱校、治学严谨、尊师勤学、文明活泼"的优良传统，并不断地与时俱进，以改革创新为动力，以提高效率为重点，以提高质量为核心，全面实施素质教育。

1. 学行教育的思考

办学思想系统化设计，以办学理念"增广学行，益国利民"为引领，以校训"行远自迩，登高自卑"为鞭策，形成"应物立人，明体达用"的校风、"高山仰止，景行行止"的教风、"知行合一，学至于行"的学风，达成学校、教师和学生发展的目标。学校发展的目标是：管理科学，特色鲜明，质量领先，中华名校。教师发展的目标是：专业精深，合作奉献，学识广博，德行高尚。学生发展的目标是：身心健康，人格高尚，世界眼光，有学有行。同时着力推进和实施人文管理，坚持以人为本，自主发展，培养和造就自尊、自立、自信、自爱、自志、自强的广益教师和学生，营造尊重人、理解人、善待人、宽容人的师生成长氛围。

校长是学校发展的关键人物，校长的学行教育思考能够影响学行教育的行动。经过近10年的实践和探索，广益中学传承"学行文化"，融入"增广学行，益国利民"的办学理念，以学生发展目标"身心健康，人格高尚，世界眼光，有学有行"为中心，建构了"五棱四层一中轴"的金字塔立体"学行"课程体系，努力把学行教育的探索与实践作为校长章显林毕生的教育追求。用优秀的中国传统教育思想"知行合一"指导学行教育的实践，全面实施素质教育，落实好立德树人的根本任务。具体而言，有以下几个方面：

第一，确立学行教育办学理念是校长的责任。学行教育具有先进的教育理念，如以学生为本、学导式课堂教学、主体德育等，它不仅有深厚的文化底蕴，而且符合深化课程改革落实立德树人根本任务的要求。从文化底蕴上看，学行教育传承中国古代的"知行合一"教育思想，重视学生的"有学有行"素质教育。在深化课程改革上符合学生学习方式的转变及素质教育中培养学生创新精神、实践能力与社会责任感的要求，以"五益"课程体系建设实施课程育人。因此，把学行教育作为学校发展和管理的重要教育思想，作为依法、依德、依理治校的主要实践内容，是校长的第一责任。

第二，明确学行教育目标是校长的中心工作。贯彻党的教育方针，明确教育目标，是一所学校健康持续发展的关键性要素。党的教育方针是培养社会主义的建设者和接班人，且把培养全面发展的"四有"新人作为总体教育目标。而学校则是将教育总体目标细化为具体的做人教育目标与做事教育目标，落实立德树人的根本任务。在学行教育的探索与实践中，校长需要认真思考学校的教育目标。学行教育的总体目标，就是要以"增广学行，益国利民"为教育指导思想，重视培养"身心健康，人格高尚，世界眼光，有学有行"的学行人才。

第三，建构学行教育课程体系是校长的能力所在。课程育人是学校教育的重要途径，校长应成为课程建构与课程资源开发利用的主要领导者、研究者、实践者。学行教育课程体系建设应充分体现当代核心素养的要素，从"益信、益品、益智、益行、益身"五大课程群上，建构"五棱四层一中轴"的金字塔立体式的"学行"课程体系。其中，益信课程群重点培养学生的责任担当和科学精神；益品课程群重点培养学生的人文底蕴；益智课程群重点培养学生的学习能力；益行课程群重点培养学生的实践创新；益身课程群重点培养学生的健康生活方式。学行教育课程育人要"以学导学"，不仅培养学生主动学习、善于思考、踊跃表达、团队合作与乐于探究的能力，还要为学生的终身发展奠定厚重而多元的文化基础。在以培养核心素养为"教育主旋律"的今天，只有立足于学生的个性化发展，以课程建设为载体，以课程改革为抓手，才能培育出"身心健康、人格高尚、世界眼光、有学有行"的未来人才，全面提高办学质量。

2. 学行教育的行动

把学行教育的思考付诸实施，是校长的重要工作内容。学行教育的行动，可以划分为七大行动：一是学行教育思想的理解行动；二是学行教育思想的管理行动；三是学行教育思想的教学行动；四是学行教育思想的品德行动；五是学行教育的教师行动；六是学行教育的制度建设行动；七是学行教育的文化行动。

——学行教育的理解行动。理解人与理解事，是一个认知的过程。对学行教育的理解，关系学校全面深入把握学行教育理念、教育目标、课程体系建设、教师队伍素质提高等的具体行动。只有统一理解了学校的学行教育理念、教育目标、课程体系建设、管理与评价标准等内容，才有可能做到知行合一，把具体的学行教育行动做好、做得有效。笔者认为，"广益人"都应具备空杯的心态，懂得把过往的一切荣誉和优越感"归零"，当大家清楚"从哪里来，又要到哪里去"，便有了发展的目标和方向，就会主动将"增广学行，益国利民"内化于心，外化于行，让拓宽学识、修身立德成为一种原发性行为。

——学行教育的管理行动。管理的目的归根结底就是在规范化运行机制中，让每个人都能发挥出最大的价值。笔者重视学校的人文管理，认为"治校如修渠，疏、导、缓、堵缺一不可，人心齐了，事情就顺了，自然也会'水到渠成'"。管理是人性的设计，管理的科学性和管理质量的全面提高，是现代学校办学的发展要求，更是一所学校成为有特色、有文化内涵的名校的根本。学行教育的文化管理重在文化的浸润和汲取，注重教师的德性培养，强调教师的师德高尚，把"有学有行"作为学校培养学生的重要目标，提高学生"价值认同、责任担当、问题解决、创意物化"方面的综合素质。学校的文化管理不单单是校园文化建设的重要组成部分，更是学校文化精神的塑造。用文化的精神去熏陶人，用文化的制度去约束人，用文化的氛围去感召人，用文化的魅力去浸润人，用文化的品位去提升人，方能够丰厚人的精神底蕴，滋养人的文化素养，实现成为中华名校的办学目标。

——学行教育的教学行动。教学是学校的中心工作，是教育质量提高的保障。开展学行教育的教学行动，以学导式教学模式作为学行教育的教学操作行动，发展"基于学情的引导式自主学习""无学不导、以学定导、有学会导"的"以学导学"学导文化，浸润和影响着学校的学行教学理念的实践。广益中学的教学文化是一种深耕式的教学文化，它给予教学者和学习者的是一种积极的期望、热情、鼓励、认同及责任感。它基于教师个体、学习共同体对学科知识的钻研、理解、热爱，展示的是从学校管理、校园文化、学习共同体的建设、丰富学科文化内涵、探究教学方法策略、师生情感沟通、家校互动等各个方面的优势发展。教学文化本质上是以教学思想、教学价值观、教学信念和教学行为等为核心的教育内涵，是教学主体与教学生活的文化融合过程，是师生集体文化建构过程与建构结果的统一，它助推了教学品质的卓越和高效，有利于师生反省与改善教学生活，也促进了学校发展在教学实践中走向"文化自觉"与"内涵超越"。

——学行教育的品德行动。中国特色的基础教育以德育为先，高度重视传承中华文化，把社会主义核心价值观融入校园、纳入课程和融进学生的头脑之中。广益中学的品德教育主张让学生自主发展和个性成长，以丰富学生的实践经验和提高学生的综合能力为素质教育的重点，引导学生认识自我、敢于为梦想拼搏，努力成为深度学习者。广益中学学行教育的品德行动，核心是不断为学生创造机遇、搭建平台，让每个学生都能得到展示自我的空间，以此在他们心中建立起了学会学习的"心流"，教会他们将个人的精神力量投注在自身成长上。从广益中学的学行德育看，学生应对未来的能力，是无法从考试中测量，更是很难去教授的，只有放手让孩子面对真实世界的挑战，在自然世界中去学习、去探索、去创造、去积累，同时培养孩子管理失败的能力，让孩子获得改变困境的能力，才能成就自身发展。

——学行教育的教师行动。教师是学生成长的引路人，教师更是学行教育的实践示范者。广益中学以"高山仰止，德才兼备"作为教师素质提升的总体目标，对全体干部教师提出要求：教育的过程是每位教师的自我内化与提升，是智慧的碰撞和灵魂的对接，同时也是"闻道有先后，术业有专攻"的孜孜追求的过程。因此，学行教育的教师行动本身是一个不断精进、不断超越、不断思考的过程，教师在广益学行教育实践上要做到"心齐、气顺、风正、劲足，而后举趾致远"，自主追求努力于凝铸师魂的教育活动之中，在历经平凡后洞察"师道人心"。师道即世道，师心即人心。学行教育的教师行动，需要每一位教师都有完善自己生命价值的内驱力，需要每一位教师去寻求变革、实现突破内在潜力的开发。教育大计，教师为本；育人以何，首在师道中兴。

——学行教育的制度建设行动。俗话说：没有规矩，不成方圆。学校的制度建设是一所学校改革深化、教育质量提高的根本。学行教育重视人文管理的思考与实践，学校提出协同增效管理、多方一体化共治的管理思路，构建学校质量体系，建立学校质量模型，设计学科质量标准，探讨学校全面质量管理方法。学行教育通过制度激励等手段激励教师专业发展；通过岗位责任和岗位任务历练教师队伍；通过校内外的学术交流，塑造教师的学术自信；通过面向社会优选青年骨干教师，优化教师的专业结构；通过实行公民师资混合体制，推行编制外优秀教师选聘制度；通过构建"多边交互"平台战略，推进教师和学生参与数字资源积累更新。学行教育的制度建设行动，按依法、依德、依理三大板块而具体化，总体目标在于建立科学、完善、全面的现代学校管理制度。

——学行教育的文化行动。文化是指所有能够表达人的社会思考

校友回母校参加120周年校庆活动

与实践的内容，广益中学的文化集中体现为理念文化、管理文化、教育文化、教学文化、学生文化、校友文化等十个方面。学校由英国公谊会创办，学校本身具有中西文化交流的文化底蕴；作为一所市级重点中学，学校有"五育（德、智、体、美、劳）"并举的办学方略；作为一所有着128年办学史的中学，学校有着丰厚的历史文化；作为一所学生求学明志的世外桃源学校，学校更有青砖墨瓦、白石镌刻、

铜铸古钟、手绘宏图、广益师表、校友题榜、芳草萋萋、花木盛芳、院士之林等环境文化。学行教育的文化行动，强调"百年史卷奠基人生，名校文化培育英才"的文化育人目标，重视"知行合一，学至于行"的学习文化，以学行教育的课程文化、教师文化、管理文化等各个方面的文化行动与实践，突出学行教育个性化、校本化、特色化的行动。

|案例|

广益中学校办学思想

一、办学思想的内容

（一）办学理念：增广学行，益国利民

（二）校训：行远自迩，登高自卑

（三）校风：应物立人，明体达用

（四）教风：高山仰止，景行行止

（五）学风：知行合一，学至于行

（六）学校发展目标：管理科学、特色鲜明、质量领先、中华名校

（七）教师发展目标：专业精深、合作奉献、学识广博、德行高尚

（八）学生发展目标：身心健康、人格高尚、世界眼光、有学有行

二、办学思想具体阐释（前五点）

（一）办学理念：增广学行，益国利民

"增广学行，益国利民"始于百年前广益中学的校名解读。英国基督教公谊会名称最初为"真理中的朋友""朋友会"等，传入中国后，在四川把"朋友会"译为"公益会"。公益会在重庆创办了"Friends High School"，中文译为"广益中学"。广，增广、扩大；益，好处。"广益"二字出自三国时期蜀国丞相诸葛亮《教于军师长史

参军掾属》中的"夫参署者，集众思，广忠益也"。"学行"源自广益私立学校时期，杨芳龄校长提出的"尝思所以策励诸同学者，亟亟以力学励行为鹄"，诚以"有学无行何以立人，有行无学何以应物"，既勉以读书之勤，更勖以为人之道。这里所谓的"行"，是德；所谓的"学"，是智。

学校把"增广学行，益国利民"作为办学理念，意指师生增长学问，完善品行，不断发展成长，成为有益于国家和有利于人民的人。品行学识并举，行乃立人之根本，立德树人；学是应物之基础，明体达用。加强社会主义核心价值观教育，完善中华优秀传统文化教育，注重学生知识、道德和能力的培养，促进教师学识和德行等方面的专业发展，增强学生社会责任感、创新精神、实践能力，使师生在立身处世、做人做事等方面有利于国家和人民。

（二）校训：行远自迩，登高自卑

"行远自迩，登高自卑"出自《礼记·中庸》中"君子之道，辟如行远必自迩，辟如登高必自卑"。迩：近的意思。卑：低的意思。"行远自迩，登高自卑"的字义是：走远路，必须从近处开始；登高山，必定从低处起步。喻义是从基础开始，由近及远，由低到高。事业上"行远"是积累，"登高"是成就，"行远"与"登高"体现了"积累"与"成就"的辩证关系。在做人上："行远"即应树立远大理想，"自迩"则要求必须脚踏实地。在做事上："登高"即应有攀登事业和科学高峰的抱负，"自卑"即指必须具有万丈高楼从地起的务实精神。其核心就是突出基础教育在人生发展中的重要地位和基础教育的基础性即今天所讲的素质教育，是学校办学理念的具体行动和要求。

（三）校风：应物立人，明体达用

释义：意指师生会做事做人，明了社会主义核心价值思想和优秀传统文化思想，结合自身实际，在实践中运用。

应物立人，语出重庆私立广益中学杨芳龄校长提出的"有行无学何以应物，有学无行何以立人"。应物，一是指顺应事物。《庄子·知北游》说："邀于此者，四枝彊，思虑恂达，耳目聪明，其用心不劳，其应物无方。"《史记·太史公自序》说："与时迁移，应物变化，立俗施事，无所不宜。"欧阳修《道无常名说》说："无常以应物为功，有常以执道为本。"《西游记》第二回中说："这猴王自从了道之后，身上有八万四千毛羽，根根能变，应物随心。"二是犹言待人接物。《晋书·外戚传·王濛》说："虚己应物，恕而后行。"《隋书·循吏传·刘旷》说："刘旷，不知何许人也。性谨厚，每以诚恕应物。"孙柚《琴心记·挑动春心》说："你看他清标应物，如春月之濯柳；英气逼人，似野鹤之出群。"姚鼐《扬雄〈太玄〉目录序》中说："虽庸愚不肖，苟筮之而见所以处事应物者，皆合乎圣人之道也。"立人，一是指立身，做人。《易·说卦》中说："立人之道曰仁与义。"颜延之《又释何衡阳达性论》中说："果两仪罔托，亦何取于立人。"二是指扶持、造就人。《论语·雍也》中说："夫仁者，己欲立而立人，己欲达而达人。"

明体达用，即北宋胡瑗的"明体达用"思想，"体"强调的是事物的根本和主体，在这里特指儒家的经典著作及其思想原理。"用"强调它的实用价值和功能，是指掌握运用儒家的经典著作及其思想原理去治理国家。也就是说，教育不能只是为了科举考试，获取功名，而是要培养出既精通儒学经典，又能在实践中运用的人才。

（四）教风：高山仰止，景行行止

释义：比喻教师品行才学像高山一样，要人仰视，而让人不禁按照他的作为为行为准则。意指教师不断完善品行才学，学为人师，行为世范。

"高山仰止，景行行止"原出于《诗经·小雅·车辖》。后司马迁《史记·孔子世家》专门引以赞美孔子："《诗》有之：'高山仰止，景行行止。'虽不能至，然心向往之。"

（五）学风：知行合一，学至于行

释义：意指培养学生在学习生活中注重理论与实践相统一，将所学知识运用到实践中，真正明白事理。

知行合一，是中国明代哲学家王阳明提出的认识论和道德修养学说。知，指文化科学知识；行，指人的实践；知行合一，意指认识事物的道理与在现实中运用此道理是密不可分的一回事。语出王阳明"我今说个知行合一，正要人晓得，一念发动处，便即是行了，发动处有不善，就将这不善的念克倒了。须要彻根彻底，不使那一念不善潜伏在胸中，此是我立言宗旨"。"知行合一"思想包括以下两层意思：一是知中有行，行中有知；二是以知为行，知决定行。

学至于行，意指学习到了，并且实行、践行才能明白事理。语出《荀子·儒效》："不闻不若闻之，闻之不若见之，见之不若知之，知之不若行之。学至于行之而止矣。"

第二篇 学行教育的理论

　　理论是实践经验的总结提炼，也是统率各类行为的核心因素。先进的理论是思想的先导，也是行为的指引，先进的教育理论引领学校教育的改革与发展。学行教育有中国古代的教育思想根源，有当代以人为本、以学为本的理论要素，更有陶行知的生活教育思想和党的教育方针贯彻落实的素质教育原理与方法，是现代教育中比较先进的教育理念与教育理论的集合，有其科学的思想观念与教育原理和方法。关注学行教育和把握学行教育，首先需要明确其科学的思想观念与教育原理和方法，从理性的高度把握好学行教育。

一、学行教育的教育理念

1. 理念及重要性

　　理念是人们对某种事物的观点、看法和信念，理念和观念有时是同等语义的，理念是比较肯定的或正确的观念。人们常在生活、工作、学习上用到人生理念、哲学理念、学习理念、成功理念、办学理念、教育理念等与理念相关的词语。理念对于人的行为实践，有思想的引领和行为目标的导向作用，经过长期的理性思考及实践所形成的理念，会成为一种精神或意念，激励和鼓舞人的各种行为。

　　——理念的主要特征。理念是思想与观念的体现，理念具有时间性与区域性，每一种理念都存在自己固有的适应范围；理念具有概括性，是人们对客观事物发展规律认知结晶的概括总结；理念具有逻辑性，理念陈述的方式有其表现形式和表达方法；理念最核心的特征在于其深刻性：理念是经过人类的思考和大脑信息加工后形成的观念、概念或法则；理念也具有一定的灵活性，其外在形式有语法、概念或语言格式等。

——教育理念的认识。教育理念是人们对于教育的观点、看法和信念，它的核心是对教育现象的认知理解和教育理想目标的确定。教育理念反映了对教育本质特点的认知理解，体现教育者对教育的价值取向，具有导向性、前瞻性、规范性的特征。一所学校的发展，首先要有明确的教育理念，而教育理念的形成是一个长期沉淀的过程，教育理念在校长的治学中表现为办学理念。

2. 学行教育的办学理念

办学理念是学校生存理由、生存动力、生存期望等各方面要素的综合表述。学行教育的办学理念是"增广学行，益国利民"，源自《礼记·中庸》中的"行远自迩，登高自卑"的古训，以及学校提出的"有行无学何以应物，有学无行何以立人"的教育思路。其内涵是：学校要加强社会主义核心价值观教育，促进教师学识和德行等方面的专业发展，增强学生的社会责任感、创新精神、实践能力，使师生在立身处世、做人做事等方面有利于国家和人民。其教育目标是：学校师生不断增长学问、完善品行、发展成长，最终成为"有学有行有个性的现代人"。为此，增广学行理念在学校始终是一种永不倦怠的心理暗示，让师生不断捕获新知、不断实践，在知行合一的过程中，提升自我修养，丰满自我内涵，从而让教育在自然而然、循序渐进的过程中，得以开展、得以升华。

——学行教育理念的沉淀。广益中学创建于1892年，始称广益书院，1898年改称广益学堂。1934年，时任校长的杨芳龄特取《礼记·中庸》中的"行远自迩，登高自卑"作为校训，并提出"有行无学何以应物，有学无行何以立人"的学行教育思路。有了这个思路作为前提，学校对中国古代思想家王阳明的知行合一思想进行了系统的学习与分析，并对人民教育家陶行知的生活教育理论，以及现代教育理论中的人本主义理论、差异教学理论等进行了不同程度的吸纳，从而提出了学行教育理念。笔者认为，名校之特在于个性，名校之魂在于理念。

——学行教育理念的实践。广益中学在学行教育理念的办学实践上的表现有：一是继承保持了传统的学行教育课程特色，如足球、英语、美术的课程特色；二是高度重视了学生的德育学行教育，实施以"知校、爱校、兴校"系列活动为主线，以文明礼仪建设为重点，以争创区、市文明礼仪示范学校为目标的特色德育方案；三是教学上以学行教学为中心，建构学行课程教学的学导式教学模式，连续17年获南岸区办学质量综合督导评估一等奖。近几年来，学校大力推进新课程改革，教学质量年年攀升，在2017年高考中，程琪雅、王华、陈焱琳三位同学被清华大学录取，广益中学校重点上线人数历史性地突破400大关。现在任职的章显林校长，在学校"创重"十年以来，融入以人为本、全面发展、素质教育、创新教育、个性开放、多元化办学、生态和谐等先进的教育理念作为学行教育的办学理念，努力推进学行教育的理论与实践。

3. 学行课程的育人理念

笔者主张学行教育的课程育人目标是"培养有学有行有个性的现代人"。学行教育把课程作为落实立德树人根本任务的重要载体，坚持学行教育"有学有行"的课程育人理念，注重课程建设中传承"学行文化"，以学生发展目标"身心健康，人格高尚，世界眼光，有学有行"为中心。其课程规划以"学行"为核心，顶层设计上分为"有学"课程和"有行"课程，把"学识和学力"培养与"品行和素养"培养结合起来，旨在培养全面发展型人才。由此建构了"五棱四层一中轴"的金字塔立体"学行"课程体系："塔之底层空间代表'基础必修'，中间空间代表'拓展选修'，上面空间代表'特长专修'，五棱分别代表益信、益品、益身、益智、益行这五益课程，中轴是120年来的'学行'文化主线……"现在，学校建成了"基础课程、拓展课程、探究课程"三大类校本课程体系，重点打造了"学导课堂、校友专家课程、百年广益、南山文化、活动课程"五大精品特色课程，实施"121+X"校本选修模式，以满足学生多元化的需求和发展。

4. 学行教育的教学理念

学行教育依据中国古代王阳明"格物致知，知行合一"的思想，以及人民教育家陶行知"教与学合一"的教学理论，把"知而不行，是为不知；行而不知，可以致知"作为教学理念，用多年的教学实践建成了"学情为起点的引导式自主学习"的学导教学模式。具体体现为教师做适合学生的课件，备符合学生"口味"的课，教学活动中突出培养学生"会观察、会思考、会表达"的三会能力，在课堂教学改革中把"知识为本"转变为"学生核心素养为本"的教学，发挥了学科教学培养学生学习核心素养的积极作用。学行教育的教学面向全体、关注差异、异步发展，让学生学行无止、心怀空杯、学有所长、学有所成。高考综合改革推进后，学校在"关注每一名学生，挖掘个性特长，大面积提高课堂教育质量"的教学理念基础上，以学生为主体，教师为主导，实现学生自学、合学，教师导学、导思；同时面向全体，关注差异，实现大面积反馈学习情况，形成以"自学指导、合学引导、拓学辅导"为基本点的"学导课堂"模式。

5. 学行教育的德育理念

学校德育教育坚持培养"四有"新人，即有理想信念、有道德情操、有扎实学识、有仁爱之心之人。强调以学生的三种精神——自强、实干、团结，开展唤醒灵魂的教育。唤醒灵魂的教育包括：唤醒学生的善良、感恩和责任，唤醒学生的生命感、价值感和创造力，唤醒教师的职业良知等。学行教育在德育主体上着力为学生建立自主发展的"心流"，在实践上努力破译学生自主发展的"基因编码"，不断为学生的成长创造机遇、搭建平台，让每个学生都能得到展示自我的空间。学行德育教育的中心是立德，是要为学生点亮未来，是要对学生进行个性化的教育，让学生成为有理想、有本领、有担当的青春学子。学行德育教育的总体目标是：学生品行、学识并举，人格健全，品学兼优，做合格的社会公民。

二、学行教育的教育理论

学行教育是传统与现代教育思想的结晶，有着十分丰富的教育理论内涵及外延，比较突出的学行教育支撑理论包括以下七种现代教育理论。

1. 人的主动发展理论

该理论在唯物主义认识论上，强调人是客观存在中唯一能对其他客观存在产生主动反映，并形成认识，在认识基础上主动参与社会实践的生命体。人成为万物之灵，人成为世界上第一宝贵的生命体，其根本原因是人具有主观能动性。学行教育中的"学"和"行"，是人的主动发展需要，是依据人的主观能动性发展的内在规律所进行的"学"和"行"，是人的主观能动性潜能开发的要求。"学行"的核心在于人的认知发展与情感的调控，也在于学生的自主发展潜力的开发与利用，更在于人的意志行动所取得的发展效果。

2. 人的身心交互理论

中国古代思想宝库中就有关于身心作用的思想，现代心理学理论提出身心交互作用的理论，该理论认为人的身心关系是一种交互作用的关系。依据身心交互理论，学行教育中的"学"和"行"二者也是一种交互作用的关系，符合现代发展心理学关于人是一个"遗传、环境、实践"多方面影响而发展的生命活动的认识。事实上，人的形成与发展，是内因与外因的交互作用，学生的成长，更是内外因素与学行实践活动开展的结果。学行教育中的"学"和"行"是二元的结构，但是两者是相互作用的，学行二元的相互作用促进学生的整体发展。

3. 人的活动意识个性理论

心理学家列昂捷夫提出该理论，认为人的成长与成人，是在各类社会实践活动中，不断地感知、理解、把握客观世界，从而形成比较清晰的个人意识心理，然后才在行为上表现为有个性的人。学行教育中的"学"，是多方面的社会实践中的学，是形成不同个人意识心理的过程；学行教育的"学"还在于学思结合，学用结合，学是为了思与行。学行教育中的"行"，是师生的生活与学习实践，是师生在生活与学习过程中，实现其创造的行为和个体的实践行为个性化，是学生成长与教师专业发展的行为活动表达。

4. 人的生活教育理论

该理论主张"在生活里找教育，为生活而教育"。人民教育家陶行知总结出生活教育的三大原理："生活即教育""社会即学校""教学做合一"。生活教育理论的重点是其中的"教学做合一"理论，针对教师的教和学生的学，要求现代学校教育必须高度重视生活教育的原理与方法。学行教育根本在于坚持学行教育的教育法则，其重要含义是教的方法要根据学的方法，学的方法要根据行的方法，"生活的事需怎样做，学生的学便要怎样学，怎样学便怎样教；教而不做，不能算是教；学而不做，不能算是学；教与学都以'做'为中心"。所以，学行教育的根在把"做"视为"学"和"行"的认识与实践，把生活的"做"作为学行的准则。

5. 人的全人教育理论

该理论主张教育应是全人教育，是培养"完美和谐的人"的教育或"全人格"的教育。马克思主义对于人有一种全面发展的观点，全人教育就是要促进人的全面发展，要充分体现教育影响人的真、善、美、体、劳的作用，全面实现人的价值。学行教育以"有学有行"作为教育的全部内容，是全人教育思想与方法的落实。全人教育把人的"真、善、美、体、劳"的培养放到重要的位置上，其中的"学"是学做"真、善、美、体、劳"的人，做真人，做善人，做美的人，做体质优、劳动能力强的人。学行教育中的"行"，是真行、真善、真美、真劳动者，是成为"完美和谐的人"或具备"全人格"的人。

6. 人的智慧教育理论

智慧是人的思想与意志的统一，是人性的最高觉醒。该理论认为人的差异总体上是智慧与聪明的差异，核心是思维方式与思想水平的差异。中国古代高度重视人的智慧与聪明差异，强调要因材施教，个性化发展。学行教育是最讲究人的思维培养、重视人的实践能力提高的教育；学行教育需要促进学生个性化发展，实现学生的个别差异优势，是针对学生智慧与聪明才智而进行的有针对性、实践效果性的教育。学生的"学"应是学思结合的学，是其智慧的集中活动与表现；学生的"行"更是其聪明才智的发挥效果及最大化的实践，是对于生活经验的最大改造。学行教育作为智慧与聪明的教育，符合智慧与聪明教育的原理与方法。

7. 个性差异理论

中国古代知名教育家孔子提出因材施教的教育思想，认为在后天的教育过程中人可以"性相近也，习相远也"。人的个性发展存在身体素质和心理素质两个方面的差异。现代心理学理论中的个性差异，认为人的心理素质差异可归结为两个方面：一是个性倾向差异，包括兴趣、爱好、需要、动机、信念、理想、世界观等方面的差异；二是个性心理特征差异，包括能力、气质、性格等方面的差异。学行教育倡导学导式教学，以学生的先学和学生的个性差异作为教学方法的依据，注重因材施教，尊重学生的个性发展。

三、学行教育的教育方法

学行教育需要有科学的教育方法，俗话说，好的教育方法是教育成功的一半。学行教育的科学教育方法，总体上可以划分为认识方法、教学方法、学习方法、管理方法四个不同的方面。

1. 学行教育的认识方法

唯物辩证法是科学的认识方法，同时也是学行教育最为重要的认识方法之一。唯物辩证法对于学行教育的理解与把握，具有十分重要的指导作用。学行教育是从学习、学思、学行、学会多个方面实行对学生的教育，学生是客观存在的，对于学生的学情分析、先学后教的设计思路确定、学行教育的课程开设、学行教育的效果评价等不同方面的认识与思考，都必然尊重学生的客观存在，以学生成长与成人为教育的终极目标。虽然说教育的根本任务是立德树人，然而教育的终极目标是影响、引领、促进学生的社会化与个性化发展，是培养建设者和接班人，是要全面实施素质教育。因此，学行教育离不开唯物辩证法对学行教育理论与实践的指导。例如，对于学校总体发展的思想认识定位是：坚持走品牌办学之路——以低进高出为核心，以百年文化见特色，以先进硬件逐潮流，以强大师资做保障，以严格管理促发展。

2. 学行教育的教学方法

教学有法而无定法，学行教育有学导式的教学方法，然而并不固定在此教学方法的单一使用上，而是根据不同的课程实施需要而灵活运用。随着学校课堂教学改革的深入，以及"面向全体，关注差异，异步发展"的课堂教学理念的明确，总体上学校提炼出了"以学导学"课堂教学模式，即"学导课堂"。"学导课堂"以"面向全体、关注差异、异步发展"为理念，以"三环九步"为操作流程，以集学案和导案为一体的《学与导》为载体和实施条件，以增值性评价为保障。具体在不同课程的实施教学实践中，教师可根据学生的学习需要，以"个性化教学"的学导课堂为中心，实行班级授课（必要的行政班的学习方式）、走班选修（合作学习、分组学习的方式）、自修学习（允许学生完全自主地自修学习）等教学组织方式，以及与信息技术的深度整合，完善有利于学生个性化学习的组织形式及相应的评价管理机制。如高考的教学准备方法分别要从教学设计、教学方式、教学机制、教学现代化、教学效果等五个方面去下功夫。

3. 学行教育的学习方法

学行教育的学习方法主要是学生的学有方法和学有分类。学有方法是着眼学生的不同需求、潜能开发、个性发展而开展学生的自主式学习、合作式学习与探究式学习的方式。如艺术体育学科的"双主"学习方式，语文学科的整本阅读学习方式等。学有分类，是学生可以通过讨论、辩论、写作、诵读、表演等形式多样的学习分类方式，针对课程内容进行学习，能有条理地、语言清晰地、大方得体地发表自己在学习中产生的观点和看法，并通过质疑、辩驳、补充等学习活动的参与，实现学习成果的分享与交流，由此形成学生个体的自主学习、快乐学习的内生机制。如在语文学科的学习上，学校实行了语文分层教学指导，根据学情将语文学科的教学指导自高而低地分成A、B、C三种层次的学习指导班组，A班组侧重知识拓展指导，B班组既重基础又重拓展指导，C班组则重在抓基础指导。

4. 学行教育的管理方法

学行教育在管理方法上总体依据"创新、协调、绿色、开放、共享"五大发展理念，实行协同增效式管理，重点开展学行课程的制度建设和承载三种学校精神"自强、实干、团结"的机制建设工作，最终完善学校的人文管理体系。笔者认为："治校如修渠，疏、导、缓、堵缺一不可，人心齐了，事情就顺了，自然也会'水到渠成'。"对于师生在学校的发展，学校重点采取科学化、系统化、人文化的评价导向，最终实现"育人为本、内涵优先、文化兴校、管理科学、质量领先、国内创新"的管理目标。如在学行课程建设管理上，着力于课程领导力建设的管理，以教师课程建设的思想力、设计力、执行力和评价力"四力"为学校整体改革、整体规划学校课程建设，研发构筑多维度"学行"课程体系，实现学生有学、有行，唤醒学生德才、使其全面成长的育人目的。

|案例|

"静心"做教育，"学行"伴终生
——华龙网专访重庆市广益中学校校长章显林

【关键词】学校教育当思益国利民

【校长观点】学生将来走入社会，学科知识可能不记得了，但掌握了终身受用的方法和技能，养成了终身有益的品行，这就是广益中学课堂教学改革的价值追求。

问：推动教育创新，探索新高考改革，为人民群众提供优质多元的教育资源，是广益中学作为百年名校的责任与使命。近年来，广益中学结合核心素养这个关键词，做了哪些创新举措？

答：简单地说，"核心素养"就是留给学生终身受用的东西。近年来，我校围绕"核心素养"做了许多尝试。课程是学生多元发展的重要支撑和载体，"培养什么人"可以通过课程来实现。广益中学传承"学行文化"，融入"增广学行，益国利民"的办学理念，以学生发展目标"身心健康，人格高尚，世界眼光，有学有行"为中心，建构了"五棱四层一中轴"的金字塔立体"学行"课程体系。

课程体系的内涵充分体现了当代核心素养的要素，"益信、益品、益智、益行、益身"五大课程群包含了核心素养三大方面的主要内容。其中益信课程群重点培养学生的责任担当和科学精神；益品课程群重点培养学生的人文底蕴；益智课程群重点培养学生的学习能力；益行课程群重点培养学生的实践创新；益身课程群重点培养学生的健康生活。

学校用了近六年的时间，形成了"以学情为起点的引导式自主学习"的学导教学模式，突出培养学生"会观察、会思考、会表达"的能力，通过课堂教学改革，从"知识为本"转变为"核心素养为本"的教学，培养了学生学会学习的能力。学生将来走入社会，学科知识可能不记得了，但掌握了终身有用的方法和技能，这就是广益中学课堂教学改革的价值追求。

【关键词】学校师生要有自己的精神和气质

【校长观点】纵观广益中学百年历史，一代代广益人都有永不服输的意志和决心，这是百年历史传承并不断发扬光大的可贵精神。学校教育质量不断提高的背后，靠的是团队，而传承着百年广益精神的团队就是广益制胜的法宝。

问：百年名校，厚积薄发，承载着什么样的广益精神？

答：我觉得广益人承载着三种精神：自强、实干、团结。纵观广益中学百年历史，一代代广益人都有永不服输的意志和决心。学校从私立到公立、一般高中到联招学校、联招学校到重点中学，每一步都艰辛而曲折，自强、实干、团结，这是百年历史传承并不断发扬光大的可贵精神。

广益中学能有今天的成就，那都是干出来的。2007年广益创重后，高考重本几乎还是个位数。10年时间，学校重本突破400大关，打破了71年来无清华的历史。学校教育质量不断提高的背后，靠的是团队，而传承着百年广益精神的团队就是广益制胜的法宝。

【关键词】评价导向要重视科学化和系统化

【校长观点】评价的标准、评价的手段、谁来评价，这是一个系统性工程，评价工作做好了，就实现了"指挥棒"的导向作用。否则我们的改革就会搞成形而上学的东西，达不到预期的效果。

问：核心素养落地校园，要反映在课程改革、教师培训、科学评价等方面，各个环节缺一不可，您认为核心素养落实下来，最需要关注哪几个方面？误区在哪里？难点在哪里？

答：我觉得核心素养要落地，应该重点关注学校课程、学科素养、社会实践。作为基层学校应深度解读课标，挖掘学科核心素养，实现两者的深度融合，唯有如此，核心素养落地学校才有可能。此外，实践是创新的源泉，是学生联系社会的纽带，是实现"价值认同、责任担当、问题解决、创意物化"的综合素质的重要途径。

事实上，每个学校在教育教学上都会涉及核心素养。在这个过程中，很容易出现搞成两张皮、搞成标准化的现象。很多校长和教师认为，既然要落实核心素养，就需要国家层面制定一个标准，同时再组织专家进行教材编制，学校层面落实和落地就方便了。这是对核心素养落地的错误认识。

关于核心素养落地的难点，我认为是评价，包括评价的标准、评价的手段、谁来评价，这是一个系统性工程。新高考改革已经解决了"指挥棒"的导向作用，在落实层面，学校应该着力理解改革的设计意图和校内评价机制两大问题，这是难点和重点，唯有教师真正理解了改革的意图、建立了完善的校内评价机制，核心素养落地才会变成现实，否则就会搞成形而上学的东西，达不到预期的效果。

【关键词】核心素养与学科课程深度融合

【校长观点】在实际操作层面，教师会不自觉回到老路上，如何将学科的核心素养转化为学生的素质，是校长、教师和课程设计人员面临的挑战。

问：如何将各个学科的核心素养转化为学生的素质，学校更多的是在操作层面进行的。将课程目标定位在核心素养上，校长、教师、课程设计人员面临的最大的问题是什么？

答：关于学科核心素养转化为学生素质的问题，无论是校长、教师还是课程设计人员，均会面临课程目标融合问题和落实层面的错位问题。

一是与当前学科课程融合的问题。在现行国家课程体系下，每门学科都有课程标准，每章每节都有教学目标，是按照三维目标建构的课程体系，在这一框架体系下，如何融合核心素养，形成课程目标和学习目标，这对于校长、教师和课程设计人员均是一个挑战。

二是实施层面上的错位。在实际操作层面，尽管学校开展了课标解读，进行课标叙写，推进基于核心素养的课堂教学实践，做了大量有益的实践探索，但还是存在把握不准的错位现象，其主要原因是校长、教师、管理人员理解不到位，没有形成共识。我们都知道，以"三维目标"为目标导向的课堂教学进行这么多年，基本上都深入人心，形成了惯有的做法和思维方式。为此，学校进一步深化实施基于理解的学习型组织建设，形成分层分类学习实践机制：一是以备课组为单位开展主题教研；二是青年教师常态化学习机制；三是依托市级课程基地和市级精品课程，培养骨干教师梯队；四是基于课题研究的优秀教师培养，着力解决教师本身认识理解问题。另外就是教学评价的问题，怎样来把握和统一，也是一个艰深的命题。如何将学科的核心素养转化为学生的素质，是校长、教师和课程设计人员面临的重大挑战。

【关键词】"做中学"才是学生多元成长的重要方式

【校长观点】教育是在为未来培养人，他们现在所学的知识要为将来铺路，这就要求学校教育不仅要给予知识，而且更重要的是锻炼能力。

问：一直以来，广益中学有缤纷多彩的社会实践及社团活动，你们在促进学生多元成长上做了哪些思考和努力？

答：在社团建设方面，社团是为有兴趣和特长的学生搭建的重要平台。学校认可社团指导教师的工作量及相关待遇，在社团建设工作中就能充分挖掘学生的兴趣、发挥学生的特长。目前学校有跆拳道、机器人等20多个学生社团，极大地丰富了学生的课余生活，发展了学生的创造能力。

在综合实践方面，围绕综合实践活动课程目标，着力培养学生的创新精神和实践能力。综合实践课程是为学生提供参与社会机会的重要通道。学校依托综合实践课程，纳入学校课程安排，开展研究性学习、社会实践和社区服务，取得的成效非常显著。

在研究成果方面，学生研究性学习小课题研究，近年来获得市级以上的奖励100多项，并由重庆出版社出版了《学生小课题研究方法及案例》。

在实践基地建设方面，学校与周边社区、大学、南山植物园等合作建立学生实践基地，为学生参与社会实践提供重要保证。

在课程建设方面，学校公众考古社与重庆文博研究院、北大考古学院均建立合作关系，为学生自主发展搭建通道和平台。去年，学校成功申报重庆市精品课程"公众考古"。

第三篇　学行教育实践（一）：管理实践

　　学行教育的管理实践是科学管理与共治管理的实践，是依据学校总体发展目标"管理科学，特色鲜明，质量领先，中华名校"而制定管理规划、确定管理结构、组织管理活动、提高教育质量的实践操作过程。学行教育提出的管理科学，是以人为本、重视可持续发展需要、创建学习型校园、重视文化育人作用最大限度发挥、有效推进学校发展的管理，其管理目的是在规范化运行机制中，让每个人都能发挥出最大的价值。

一、管理科学与质量领先的理解

1. 管理科学

　　管理是对人和事进行有效的计划、组织、实施、调控等，以便达成既定的组织目标的过程。管理需要有人际关系的协调，也需要聚合各类资源并进行充分的利用。管理的内容细化为：计划、组织、质量、成本、财务、营销、团队、文化等不同的方面。管理科学：一是指管理有科学的原理与方法，如具有管理思想、管理原理、管理技能和管理方法的指导与运用等；二是指管理的体系的科学性，如质量管理体系、文化管理体系、安全管理体系、信息管理体系等；三是指管理的目的明确，管理的质量和效率高。广益中学历经128年的岁月洗礼，经历了管理讲制度、管理讲故事、管理讲文化的管理实践，现在已将管理的经验与制度潜移默化地融入进了校园文化，形成了以人为本、人文并举的人本文化管理模式。

学行教育的管理科学，是指对于学行教育实践活动进行有效的计划、组织、实施、调控等，以达成学行教育总体目标的过程。学行教育管理的总体目标是：提高教育质量，着眼学校品质的提升，优化学校治理结构和运行机制。在校长的心目中，进行科学管理的广益中学，应是师生实现生命意义的地方，展示才华的场所，追求幸福的家园，校长要像"家族长老"一样，知人善任、因材而用，在培养师生爱校如家的品质基础上，给予他们相应的权利和义务，将"修身、齐家、治校"的使命感植入每个人心中。如学校对于教师政治思想教育的管理上，提出了教师要把"政治意识、大局意识、核心意识、看齐意识"四个意识内化于心，外化于行，努力成为业务精湛、学生喜爱、改革创新、踊跃实践的教育人的管理要求。具体做到以下几个方面：

——提高教育质量。教育是有目的、有计划、有组织和有质量要求地培养建设者与接班人的活动过程，关键是文化选择与学生的成长水平高低和教育产生的效果。为此，教育质量主要有两个方面：一是教育的文化功能发挥的水平与效果，如校园文化建设对于教育质量的影响；二是所有的教育活动对教育对象即学生的成长产生的作用及效果，对学生健康、有为、具备终身学习能力的培养水平高低与产生的效果就是教育质量。提高教育质量，是提高学校教育的文化选择能力、充分发挥文化育人功能的水平与效果，更是学校教育培养学生健康、有为、具备终身学习能力的培养水平与教育效果的提升。

学行教育的质量提高，一是学行教育办学理念"增广学行、益国利民"下的学行文化的建设水平与效果；二是学生"有学有行，学行兼备，知行合一"的培养水平高低与达到的教育效果。广益中学的管理质量的提高，遵循着人尽其才、人尽其用、有才有用的管理思路，并把2016年确定为质量提升主题年，着力打造"语文阅读课程""数学竞赛课程""大学先修课程""学科研究性学习""深度解读课标，提出学科宣言，叙写教学目标"等课程和项目。2017年学校中考联招上线人数突破300大关，达301人，其中600分以上达181人；高考有3位同学考入清华大学，分别是王华、陈焱琳、程琪雅，重本上线人数突破400大关，达到403人，其中纯文化上重本321人，艺体飞上重本82人。

——学校品质的提升。品质是指人的内在素质或物品的质量，人的内在素质主要是人的身体素质与心理素质，集中表现为身体健康与心理发展的成熟水平；而物品的质量则主要是指物品满足人们需要的标准。学校品质是指学校的教育质量、教育思想内涵、文化建设、办学特色、社会信誉等各个方面的综合表现。学校品质的提升，本身是一个有计划、有组织的过程，具有可持续性，它不仅表现为一种结果，还表现为一个动态的不断追求卓越的过程和机制。学校品质的提升，重在实现师生高水平的发展，以及学校教育质量的提高和办学特色的形成。学行教育学校品质的提升，一是学行教育文化体系的构建完善，如建立学行教育理念、学行教育课程与课堂文化体系、学行教育学生学业质量评价体系等；二是学行教育特色办学的综合表现，如学行教育高中精品课程与校本课程的特色，学行教育学生自主教育、具备广益精神的特质；三是学行教育教师能力提升效果，如"学导式"课堂教学的能力，"五益"课程建设的能力等。此外，广益中学的管理品质核心在于管理中学校文化的浸润和汲取，如名校友墙上的峥嵘，为学生内心灌注着榜样的力量；名师墙上的辉煌，为广益之师树立着"高山仰止，景行行止"的信仰。2019年世界啦啦操锦标赛在美国奥兰多举行，学校10名学生和重庆市特殊教育中心10名视障孩子联合组队（LUCK啦啦队），与来自70多个国家和地区的3万余名运动员展开激烈角逐，并以优异的成绩荣获残疾啦啦操三级集体技巧亚军，获得了中国在该项目的最好成绩。如今，广益中学是全国青少年校园足球活动布局学校、全国地理科普教育先进单位、全国校本德育创新基地、重庆市高中新课程实验样本校。

全国啦啦操比赛冠军奖杯

　　——优化学校治理结构和运行机制。学校治理结构的优化主要是学校党委领导下的学校管理机构设置的科学化、分层化、效率最优化，而学校运行机制的优化则主要是用人机制、教学活动机制与工作成效的奖惩机制的优化。中共中央办公厅、国务院办公厅印发《关于深化教育体制机制改革的意见》指出：要健全立德树人系统化落实机制，要推进普通高中育人方式改革，要创新教师管理制度等。因此，深化教育体制改革，优化学校治理结构和运行机制是国家教育改革与发展的总体要求。

学校教职工代表大会

学行教育实行学校党委领导下的目标管理。立足于目标引领，构建能级管理和分层考核两大体系，推进年级和备课组自主管理，形成学校文化引领下的独具广益特色的人本管理。具体主要包括：

一是实行能级管理，加大民主监督。笔者把管理的核心因素放到对管理职权进行重新整合与划分上，坚持"治校如修渠，疏、导、缓、堵缺一不可"的观

教师节目标考核表彰活动

念。学校人文管理中，充分发挥党组织的保证监督作用，充分发挥教职工代表大会的作用，加强学校规划与执行的领导，对学校工作实行民主管理、民主监督，提高学校规划与执行的透明度和科学性，增强议事程序的规范性，接受教代会代表的审议和质询等。

二是推行目标管理，实行分级考核。学校实施工作目标管理制度，建立规划实施工作目标责任制和考核评价体系，适时监督评估；建立部门工作目标动态自查自评与报告制度，及时听取教职工的意见和建议。适时向广大师生、家长和社会各界介绍学校发展规划及实施情况，接受社会监督。在年级自主管理方面，由年级组长牵头，形成德育与教学统一的教育监管体系；在学科自主方面，树立以学科为教学中心的观念，形成以教研组长、学科带头人为核心的教学管理体系；在学生自主学习中强调自律自治观念，形成以校团委为核心的学生发展体系。

三是加强年级组和教研组协同管理。学校在初中和高中学校管理上采取协同发展管理，初中作为义务教育阶段，更加注重学生发展的基础性，突出学生学业成就的整体均衡，质量目标更加重视学习质量的标准达成，更多着力于学生良好习惯养成、兴趣培养和个性发展，

为学生在高中的可持续发展打下基础。高中更加注重学生学业成就的增值，突出个性课程学习的优势，满足更多学生升入更好高校的愿望。年级组长作为中层管理者必须把控好教育教学的节奏，将每个阶段的教育目标梳理清楚，有的放矢地落实老师和学生的具体执行。年级组长不仅要具备落实学校既定目标的能力，更要在上传下达、上行下效的过程中，不断激发老师们的工作热情和发展意愿。"把握节

章显林校长与学生交流

奏、抓住重心、寻求支点"是年级组长的"管理心法"，将三年总体规划化整为零，大目标、大课题分解到每一学期，小目标、小实践分摊到每一学月甚至每个星期。学校教学副校长周星谈教学管理时总结了如下的经验：

> 欲求考出好成绩，方法习惯加努力。
> 引导学生与己比，限时训练养成习。
> 学会归纳与整理，考后还要细分析。
> 握住以上锦囊计，何愁龙门不跃鲤。

　　四是加强制度建设，提高管理效能。现代学校制度建设，是指正确合理地处理好内外的关系，完成精细化、扁平化、人性化的组织架构建设。随着扁平化机制成为现代管理的"主旋律"，广益中学近年来实施了"条块自主"的一系列改革措施，管理中强调以文化作为统领师生身心发展的核心内驱力，注重培养教职工的"齐家意识"，让老师们爱校如家；校长不单单把学校的管理文化作为校园文化建设的重要组成部分，还把管理文化作为学校文化精神的塑造，用文化的精神去熏陶人，用文化的制度去约束人，用文化的氛围去感召人，用文化的魅力去浸润人，用文化的品位去提升人。学校为重视和加强高考的管理，组织干部教师开展讨论，讨论结果一致认为：心动必须行动——德育方面，要紧紧围绕"社会主义核心价值观""传统文化"等开展立德树人的"益品"课程和活动，形成计划与方案，落实责任人；教学方面，组建专家团队，着力打造"语文阅读课程""数学竞赛课程""大学先修课程""学科研究性学习""深度解读课标，提出学科宣言，叙写教学目标"等课程和项目，特别要以"英语特色班"为基础，打造英语特色课程，落实课程项目的责任人和责任年级；后勤方面，做好硬件、软件、资金等保障工作。

　　五是探索学业评价，深化制度改革。"班主任工作首先育人，其次才是知识传达。"对于学生的学业管理，班主任工作强调"尊重"与"耐心"两大关键词，尊重是教育的前提，而耐心则是教师职业的必备素养。人总是需要被感动、被激励的，无论是老师还是学生，当意识到本职工作的重要性等同于生命的重量的时候，他们便会对自我发展产生敬畏。学生备考过程中，学行教育注重学生关于坚守梦想、坚持不懈、心怀感恩、勇于担当、敢于负责、放手一搏等方面的管理。教学制度改革上，自2014年起，广益中学实行了学科分层教学，根据学情，将学科的教学自高而低分成A、B、C三种层次（班）：A班侧重知识拓展，B班既重基础又重拓展，C班则重在抓基础，有效解决了学生"吃不饱"或"消化不良"的问题。

2. 质量领先

不同行业对质量有不同的标准与不同的评价内容，质量领先总体上是对于产品的生产、销售、项目研究，以及在产品开发等各个不同环节都强调质量第一、质量决定一切的观念与管理的要求。现代学校的改革与发展，必须注重坚持质量领先，有研究者提出质量领先主要是指：产品理念领先、产品生产技术领先、产品销售推广方式领先、产品改革与人员素质领先、产品管理制度机制领先等各个方面的领先。由此而言，教育质量领先是：教育理念或育人观念领先、教育研究与教育实践活动开展技术领先、教师队伍建设与学生成长评价领先、学校管理制度建设领先等。

学行教育把质量领先作为学校管理的一个核心实践，多年来，学校都把质量领先当作第一要务，把质量领先发展的总体愿景和目标放到"人人皆有进步、处处都有动力，时时都有超越"上，提出了学校改革发展的"教育质量加速度计划"，具体举措包括学校生源"低进高出"计划和"师生全面质量的提高和增长"计划，以及"社会各界满意度提高"的质量提高战略计划等。对于质量领先的战略流程是：学生多元发展，全面提高学生核心素养；全面完善学校管理体制的健全、管理机制的合理、管理目标的清晰、管理团队的和谐高效；在求

知、求美、求乐中开展好的校风建设、学风建设、教风建设、人际关系建设、校园制度文化建设等。如在抓学校高考的问题上，广益中学校长章显林与高三学生代表共同为广益中学高考

章显林校长在主题研讨会上讲话

百日冲刺倒计时揭牌，倒计时牌整体呈现为一个"赢"字，是为了勉励同学们要随时调整紧张的学习状态，明确自己的目标与决心，遇到困难多与人沟通解决；任何"赢"都需要时间的积累，要随时增加自己的知识，保持学习的态度，做知识的富有者；要正确对待考试失利，从失败中吸取教训，才能在高考赢得胜利。此外"人生道路千万条，决胜高考第一条"的管理口号获得了师生的认同。对于高考的教学准备，学行教育提出从教学设计、教学方式、教学机制、教学现代化、教学效果五个方面去下功夫。

二、特色鲜明与中华名校的管理实践

1. 特色鲜明

20世纪20年代，杨芳龄出任校长，将欧美教育的"德智体美群"五育与传统儒家的"仁义礼智信"五常相结合，形成了广益中学"学贯中西，明体达用，养成高尚之人格"的办学特色。进入21世纪以来，学校传承百年底蕴、励精图治、锐意进取、"增广学行，益国利民"的办学理念，"行远自迩，登高自卑"的校训，"应物立人，明体达用"的校风等使学校育人灵魂更加丰满、更加高远。学行教育的管理把贯彻"增广学行，益国利民"的办学理念作为特色鲜明的管理思想，要求学校的所有管理举措在继承"五育并举""三全管理""文理并重，体艺齐飞""文化育人"等经验基础上，突出"人本管理"，深化"理念文化、中西文化、名师文化、名校友文化、环境文化"等文化建设。具体的管理特色实践活动有：

——根据《中国教育改革和发展纲要》要求，学校内部管理体制上以"人事制度和分配制度改革"为重点，率先在全市中小学校中开展人事制度和分配制度改革。改革的第一步是对教师实行岗位责任制，对职工实行岗位聘任制；第二步是作为南岸区教育系统人事制度改革试点单位，从2001年开始实行全员聘用合同制，初步形成了"以需定岗，竞争上岗，严格考核，公开公正，能者上、不能者下"的用人机制。在分配制度改革上，从1998年起，实行校内结构工资制，彻底打破"干多干少一个样、干好干坏一个样"的大锅饭和平均主义的思想观念与分配方法，建立绩效优先、兼顾公平、多劳多得、优质多得的分配原则和激励机制。

——学校教学实行"科学目标、分层落实、过程管理、考核评价"的管理模式。通过教学管理贯彻"增广学行、益国利民"的办学理念，学行教育在教学管理实践中总结出了十六字诀"既要抠死、又要抠活、从死到活、讲解准确"和教学三十二字诀"狠抓基础、手脑并用、层层打夯、当堂巩固、反复检查、补好缺漏、学懂学全、攀登高峰"的管理经验。

——开展实施的目标管理实践。在"增广学行，益国利民"办学理念的指导下，学校制定了《广益中学建设和发展规划》。确定了近期目标是：在2006年左右"打造基础品牌，创建重庆市重点中学"，展现"绿色广益，文化广益，数字广益"的校园风貌特征，初显"文化育人"的办学特色。中期目标是：2006—2010年"打造特色品牌，坚持内涵发展"，把学校建成办学理念先进、具有较强的示范性和辐射性，且独具特色的巴渝名校。长远目标是：2011—2021年学行教育理论与实践不断充实完善，把学校办成学行教育特色明显、质量一流、立德树人经验丰富、校园文化建设先进和校园生态文明彰显的学校。

2. 中华名校

巴渝是重庆的简称，享誉巴渝、成为中华名校是学校管理的重要目标。在这样的广益梦想引领下，达到学行教育的教育质量管理与协同增效管理的共治，是学校教育改革与发展的重要推手，有着积极的推动作用。

——享誉巴渝的教育质量。学行教育强调学校的教育改革与发展要以质量领先，特别以"有学、有行、有个性的现代人"的学生培养目标为质量领先的管理核心目标，不仅高中办学高考成绩突出，中考学生上线率高，而且学校的"三宝"课程育人效果、学生的主题德育知名度都有很大程度的内外影响。学校干部教师队伍建设，以及高中特色建设的发展，都在同类型学校中取得了显著的成绩。近年来，学校教学成绩一直名列全市前茅，连续17年获南岸区办学质量综合督导评估一等奖。2017年

充满活力的干部教师团队

高考重本上线403人，上线率53.2%，其中程琪雅、王华、陈焱琳三位同学被清华大学录取，实现历史的跨越，突破学校71年来无人考取清华北大的历史；2018年重本上线人数历史性地突破500大关，上线率56.4%。百年风云，广益中学120多年来弦歌不辍，学校培养出一代代治学之师、兴业之才和治国栋梁，如"革命军中马前卒"邹容，中国工农红军将领李棠萼，红岩英烈王朴，第八届全国人大常委会副委员长、十三届中央政治局委员、中共北京市委原书记李锡铭，中科院院士、神经药理学家邹冈，著名土壤科学家、中科院院士赵其国，中科院院士、神经生物学家李朝义，中国法学泰斗王家福，知名实业家、爱国企业家古耕虞，著名农业科学家谭民化，中国水土保持领军人物王礼先，中国载人航天工程突出贡献奖章获得者刘嘉兴等。建校128年来，学校培养出数万人才，其中党和国家领导人1名，中科院、工程院、社科院院士3名。

——协同增效的管理共治。学行教育依据协同论的原理，即在一个完整的系统运行过程中，系统内的各个子系统的协调一致性、资源共享性以及各子系统对于系统的功能作用发挥的统一性等，都对系统的运行及稳定、系统的完善与功能发挥等有重要的影响。在管理实践中，把管理协同从"组织配套、学段协同、体制协同、质量协同、技术配套"等几个方面进行管理，学校各教育子系统同质化趋势越来越明显，"全面质量管理"、实践"战略主题"的过程管理、"关键质量指标管理"等都取得了协同增效共治的效果。学校在"2009学校管理年"中荣获"新中国成立60周年重庆教育功勋著名特色学校""重庆市民主管理示范学校""重庆市平安文明学校""南岸区工人先锋号""南岸区第三届教育信息技术与装备工作先进集体""南岸区第四届教育科研工作先进集体""南岸区青少年儿童体育运动学校足球、田径训练点，全国青少年校园足球活动布局学校"等荣誉称号。2001年学校进入重庆市联招学校行列，成为重庆市第一批市级"文明礼仪示范学校"、南岸区"示范中学"。

三、多元化管理的实践

多元化是指在一个有效的组织管理系统中，可以出现不同元素之间的差异，而且这种差异的表现是多种多样的。所谓多元化管理，是有差异的和有效的管理，它保证组织中的每一个个体都能最大限度地发挥他的技能和潜能。多元化管理的思想是现代企业管理的重要原理与方法，借鉴到学行教育的管理实践中，主要有以下多元化实践：

——多方一体化管理的实践经验。针对学校办学质量提高和丰富师生的主题活动，学行教育提出多方一体化管理，重点是学生出入口管理、学校间的交流研讨互动式管理、学校对外开放面向世界的管理三个方面。

学生出入口管理。一是改善生源入口，初中生源多元化，在确保义务教育要求前提下，给家长和学生提供有选择的特色教育，扩大学校初中的规模，保证义务教育的招生；初、高中生源一体化，完善初、高中一体化的招生制度，完善现有的初中

学校与八十四中开展交流活动

学校教学联盟，拓宽高中的生源渠道。二是拓宽学生出口，开通学生发展的纵向出口，建立初、高中学生质量跟踪措施，配套关联的学生学习质量评价体系，提高学校质量的稳定性和增值空间，扩大学校在社区的质量影响力。

学校间的交流互动。主要采取构建横向联盟的方式，学校与各类型学校建立对话与交流的关系，通过项目合作与共赢，提升学校的社会影响力。近年来，学校成为重庆市区县重点中学的联盟成员，同时与市外多所学校建立了同盟关系。2016年4月11日，重庆广益中学举办了"聚焦新高考，聚力高质量"主题研讨会暨第九届教育教学开放活动，来自山东、河北、湖北、浙江、广东等八个省市教育界的专家、学者齐聚一堂，共同探讨了语文、数学两个学科六省市同课异构，享受了一场教学盛宴。2016年5月，广益中学与八十四中AB角帮扶签订协议，章显林认为签订帮扶协议可以让两所学校教育资源共享，在学校管理、教育教学、师资培训、课堂教学等各方面互帮互助，共同进步。

学校的对外开放交流。学校自1892年建校开始，就以"特殊身份"代表西南地区中西文化交流学校对外进行各方面的教育教学交流。特别是2007年学校成为"重庆市重点中学"之后，摸索出了自己的国际化教育体系，主要在于借助友好学校、国际组织合作、各

种项目活动等平台，增强校际交流，拓宽师生的国际视野，增进师生的国际情怀，提高师生的文化视野。2012年6月15日，英国大使馆驻华公使 Chris Wood（胡克定）先生，英国总领事馆文化教育处文化教育领事 Paula Middleton（米博娜）女士一行莅临广益中学，不仅零距离了解了广益中学"梦想与团队"项目的开展

学校与英国总领事馆文化教育处开展交流活动

广益学生与美国学生开展美式辩论联赛

情况，还全面而深入地走进中国课堂，与孩子们亲切对话，切身感悟到了中国学生的综合素养与精神面貌。三天以后，美国萨基诺山谷州立大学代表团一行15人又来访广益中学，就学校课程建设方面的内容进行了探讨交流。2019年世界啦啦操锦标赛在美国奥兰多举行，广益中学10名学生和重庆市特殊教育中心10名视障孩子联合组队（LUCK啦啦队）作为本次赛事国家队的唯一参赛队伍，与来自70多个国家和地区的3万余名运动员展开激烈角逐。今年5月，学生程奇作为斯威U13梯队的球员，在重庆当代力帆俱乐部的推荐下，参加了蒙牛《踢球吧！少年强》世界杯球童选拔活动，并顺利获得了前往俄罗斯担任俄罗斯VS沙特揭幕战球童的机会。广益中学开设了国际理解课程，专门创造条件开设两种或多种外语课程供学生选择，培养其全球视野和国际意识。章显林校长认为：开放办学是学校可持续发展

的必然选择，只有开放办学，才能让广益中学这所百年名校充满活力与生机。

——教科研校本化管理的实践经验。以"科研兴校、科研育师"为学校教科研的管理指导思想，突出教科研的校本化管理。一是围绕主题展开教科研，突出质量加速提升的重大课题和常规研究，进一步完善科研管理制度，积极引导教师在实践中反思并借鉴其他优秀成果，做到课题研究校本化，并将研究成果转化为学校教育生产力，加快学校优质化进程。二是打造教师的学术自信，构建务实教科网络，融汇校内外教科研资源，建立直接服务于学校发展、教师发展和学生发展的学校教科研网络，为教师经常性的教科研活动创造良好的环境。让教师参与校际交流、活动展示、论文评比、专题讨论、学术沙龙等教科研活动，了解教科研信息，推广教科研成果，增加教师专业学习的机会。

——民主集中制管理的实践经验。一是加强学校规划与执行的领导，成立学校规划制定与实施领导小组，充分发挥组织、指导、协调和服务作用，提出指导性意见。积极寻求政府、上级教育部门、社

理想信念教育实践活动

会和家长的外部支持，提高学校规划与执行的透明度和科学性，增强议事程序的规范性。二是充分发挥教职工代表大会的作用，坚持民主办学，建立和健全教职工代表大会制度，对学校工作实行民主管理、民主监督，充分发挥教职工的主人翁作用，实行规划年度阶段目标完成情况向教代会报告的制度，接受教代会代表的审议和质询。广益中学在用人选材方面，会先给予平台进行历练，发现教师优势劣势，扬长避短；任命中层干部，将从教师岗位遴选，担任年级组长、教研组长、备课组长和班主任等工作，经自主申报、教职工大会投票、校务委员会讨论通过，作为部门助理再进行考察，合格者提拔为副主任等职务。

|案例|

广益中学项目管理实施办法

第一章 总则

第一条 依据十八届三中全会及《国家中长期教育改革和发展规划纲要（2010—2020年）》有关精神，为进一步推进学校内部管理改革，加强现代学校制度建设，深化绩效工资改革的力度，发挥绩效考核最大化效益，最大限度地提高教师自我管理和发展的积极性和主动性，着力课程领导力的建设，提高育人质量，特制定本办法。

第二条 本办法对学校所有工作适用，围绕学校教育、教学、管理、服务等方面的热点问题、重点问题和难点问题，学校管理部门、年级组、教研组，党团机构和教师个人均可申报立项。

第三条 学校项目分为自主项目、招标项目和下达项目三种类型，每种类型分为一般项目和重点项目两个层次，市区级和国家级项目纳入学校项目中统一管理，双轨实施。实施项目负责制，凡是立项项目，项目责权利由项目组自主决定，课程中心组织检查、督导、反馈和成果评审检验。

第四条　项目经费由学校根据项目价值和项目大小，在立项可行性分析论证后决定投入该项目资金，项目研究和实践以及著书立说所需经费都从项目总金额中支出。项目评审通过后，余下的项目经费由课程中心作为奖励发放到项目组。该项目如果获得市区、国家级成果奖励，则按学校成果奖励办法另行奖励。

第五条　项目实施和研究周期至少半年以上，项目组人员不得少于5人，在课程中心的统筹下，自主申报，组建项目组，学校立项后方可生效。

第六条　项目结束后该项目组自动撤销，所有项目资料整理归档，上交课程中心存档保存，其研究成果确有价值，可作为下一个项目进行推广应用。

第七条　项目变更处理，凡是在项目研究和实践过程中，根据实际情况要进行项目变更的项目组，须向课程中心提交变更申请书，受理后才会认可并生效。立项项目被查到未按要求进行研究，课程中心进行通报并进行整改，直至撤销该项目研究，并限制以后的项目申报资格。

第二章　项目申报立项

第八条　在进行项目申报时，应注明项目的层次，按照学校项目申报指南，教师和团体可从学校指南中进行选题，也可自行确定项目方向。

第九条　确立项目方向后，项目负责人组织项目组人员，按项目申报书要求，填写立项申报书，在规定的时间内上报课程中心备案。

第十条　课程中心组织专家团队，进行项目答辩和可行性论证，通过后方可立项。一般项目由课程中心立项，并提交校务会，重点项目由校务会决定。

第十一条　根据申报材料、答辩情况和项目价值，学校落实立项项目层次和等级并进行公示，下达立项批文。

第三章　项目组织实施

第十二条　所有项目由项目负责人组织实施，课程中心提供必要的帮助，在项目负责人组织下，制定实施方案，落实行动计划，注重分工合作，有计划、有步骤地开展项目研究。

第十三条　对无正当理由不按要求实施项目的，按以下情况处理：

1．停止该项目经费使用权直至整改效果明显为止；

2．该项目予以撤销；

3．情节严重的，给予项目组经济或行政处罚；

4．项目主持人2年内不得申报各级各类项目；

5．项目主持人考核晋级、申报职称及报奖时，该研究项目不予认可。

第十四条　中期汇报，凡是立项项目均需进行中期项目汇报，由项目组提出申请，自行组织，举行相关研讨会，课程中心将协助项目组，邀请专家和同行观摩，对项目研究进行矫正和引领。

第十五条　资料保管，项目研究和实践过程中的过程纸质和影像资料，项目组自主整理保存，并分阶段性资料上交课程中心备案。

第十六条　注重总结和完善，项目组负责人定期召开例会，交流和讨论项目研究和实践中的问题，提出下一步的改进措施，并运用到后期的研究和实践中，在实践中不断总结和形成有价值的成果。

第四章　项目评审验收

第十七条　项目完成后，项目组向课程中心提出成果验收申请，课程中心组织专家团队进行项目评审论证。

第十八条　由课程中心牵头，项目组撰写项目报告，由负责人向评审组汇报项目研究情况和成效，评审组从操作性和实效性角度进行评估，并进行现场观摩，由专家团队集体评议能否通过。

第十九条　凡是通过评审的项目组，由课程中心牵头，颁发相应项目结题证书，作为项目奖励和成果申报的重要依据。

第二十条　项目组在规定的时间内提前一个月向课程中心提出结题申请，不能按时结题的项目组，撤销该项目，并退还项目所有使用资金，同时该项目负责人两年内不得申报新项目。

第二十一条　如遇特殊情况不能按期结题，须提前一个月向课程中心提出书面申请，经审核同意后方可生效。市级以上纵向项目延期结题，还需上报项目任务下达部门审批。

第二十二条　项目成果一般包括原始数据资料、研究报告、论文、教材、著作、专利、图件、软件（含文字注释、光盘）、奖励等，均属学校所有，产生的经济效益和社会效益归学校所有，形成的资料按学校档案管理办法整理归档。

第五章　项目配套经费

第二十三条　所有项目的配套资金由项目大小和价值决定，按可行性论证结果和学校发展需要，一般项目由课程中心讨论通过，重点项目由课程中心向学校校务会提出申请，由校务会研究决定。

第二十四条　项目组在项目申报书中详细说明经费开支，以供课程中心和校务会决策时参考。

第二十五条　项目经费按不同类型和层次配套，每种层次分为ABCD四个等级，层次和等级由专家组和校务会集体讨论通过，具体如下：

1．一般项目配套资金范围3000—30000元：A等20000—30000元，B等10000—20000元，C等5000—10000元，D等3000—5000元。

2．重点项目配套资金范围30000—100000元：A等80000—100000元，B等60000—80000元，C等40000—60000元，D等30000—40000元。

第二十六条　所有项目资金匹配只限于本校立项项目，政府机关、教育行政主管部门、研究机构（如区进修学院、市教科院等）、一级教育学会所立项目，如需匹配资金，需向学校课程中心申报，按照项目申报评审程序执行，其他机构组织的项目研究学校一律不匹配资金。

第六章　项目经费管理

第二十七条　项目经费原则上只用于项目开支，不得以各种名义发放个人，若违反规定，责任由项目负责人承担。

第二十八条　项目经费使用按项目预算执行，项目组做好资金开支记录，合理支配，超出资金由项目组自行承担。

第二十九条　项目经费由学校统一管理，学校财务建立项目专项经费，项目经费在研究过程中实报实销，项目经费的报销由项目负责人签字，课程中心审批后，履行报销手续，剩余经费作为结题表彰，奖励项目组。

第三十条　项目组在学校匹配资金之外获得的资助资金、奖励资金，全额用于项目组。

第三十一条　与项目研究有关的论文发表、专著（教材）出版、参加学术会议、鉴定（验收、评审）所需的费用，申报奖励、专利等成果所需的费用等，从该研究项目经费中支出。

第七章　成果评比奖励

第三十二条　学校每年举办一次项目评奖。按照成果的科学性、先进性、实用性和学术水平，对教学质量、学校管理和学校发展的促进作用，以及产生的社会和经济效益分别设一等奖、二等奖和三等奖等。奖励的名额视具体情况决定，按学校成果表彰办法予以奖励。

第三十三条　项目组研究成果可以申报市区级以上成果评奖，对获得成果奖的项目成果，除了评审单位的奖励外，学校按1∶2的比例匹配奖励。

第三十四条　项目组在研究和实践过程中撰写的论文、报告等获奖或者发表，奖励金额按学校教科研奖励办法执行。

第八章　附则

第三十五条　本办法解释权归学校课程中心，其他未尽事宜由学校校务会决定。

附件

重庆市广益中学项目申报书

一、项目基本信息

项目名称			
项目起止日期		项目负责人	
项目研究方向			
项目研究周期			

项目简介

项目组人员情况				
姓名	学科	性别	职称	主要职责

二、项目目标及成果

项目目标	
项目内容	
项目成果	

三、项目计划进度

起止时间	主要工作内容	责任人
年　月　—　年　月		
年　月　—　年　月		
年　月　—　年　月		

四、经费情况表

总投入经费		
经费预算		
科目	预算经费	备注

五、项目审核意见

课程中心初审	签字（盖章） 年　月　日
专家论证答辩	
学校评审意见	确定类别等级 签字（盖章） 年　月　日

广益中学课程中心

第四篇　学行教育实践（二）：课程建设

课程建设是学校改革深化的重要建设，广益中学把课程建设同学校的文化建设紧密结合在一起，注重"以人为本，学行兼备"全面发展的学行教育课程文化的建设。学校以素质教育为根本，在认真落实《国家中长期教育改革和发展规划纲要（2010—2020年）》《基础教育课程改革纲要》《普通高中课程方案》等相关文件精神的过程中，继承百余年教育教学传统，结合时代发展变化及学生自身成长的特点，以学校文化为内核，完善"以学导学"的课堂模式构建，提升"四力"课程领导力，创设"有学有行"课程体系，真正做到"益信、益品、益智、益身、益行"，让学生终身受益，助力其全面发展。

一、学行课程体系建设的理性认识

1. 课程体系

课程是育人的全部内容，是学校教育思想、教学理念的集中体现，也是实现教育目标、支撑办学行为、促进学生全面发展的重要载体，更是创建学校特色、提高教师专业化水平、提升学校整体办学质量的主要平台。课程体系是依据课程育人的需要，按课程育人功能的不同，把不同课程进行组合，以形成结构性最强、功能性最大的课程育人体系，因此也是教学内容和教学进程的总和。课程体系不是简单的课程组合，更不是课程的简单相加或者相减，而是有课程结构与课程功能选择的。课程体系可以依据不同的标准或者不同的课程理解进行建构，如依据学生核心素养的培养标准，可以把课程体系建设区分为：必修课程、选修课程、特色课程（活动课程、社团课程）三类不同的课程建设。再如依据国家课程、地方课程、校本课程的课程内容，在课程统筹与课程整合的总体要求上，可以把课程体系建设区分为：基础课程、拓展课程、研修课程或校本课程。

2. 课程体系建设

课程体系建设是依据课程育人的指导思想，把学校培养目标转化为课程育人目标，通过具体的课程实践去达成课程育人目标的过程。学行教育强调"体验为本、思维为核、能力为重"的课程体系建设核心，笔者认为在以培养核心素养为"教育主旋律"的今天，只有立足于学生的个性化发展，以课程建设为载体，以课程改革为抓手，才能培育出"身心健康、人格高尚、世界眼光、有学有行"的未来人才。课程体系建设需要有课程观、课程目标、课程内容、课程结构和课程活动方式等方面的建设。课程体系建设的过程，是在一定的教育价值理念指导下，将课程的各个构成要素加以排列组合，使各个课程要素在动态过程中统一指向课程体系目标实现的系统。课程体系建设要具备课程体系的主要要素。课程体系的主要要素有：课程理念、课程目标、课程内容、课程实施、课程管理、课程评价、课程保障。课程体系建设更要遵循以下基本原则：继承与创新、立足现实与面向未来、立德树人与培养能力、综合素质与提高质量。

3. 课程体系建设的原则

（1）继承与创新。学校课程体系建设需要传承与创新，在培养学生核心素养、提高学习能力的总体要求下，可以进行不同课程之间的整合与优化，同时对于不同学段、不同学科、不同的学校而言，课程建设的着力点、课程育人功能发挥的最优势点等，可以进行不同的课程调整与创新。

（2）立足现实与面向未来。深化课程改革是要落实立德树人根本任务，而现实社会正是课程改革需要面对的内容，只有较好地把现实问题融入课程之中，才具备好的课程育人意义与作用。然而，学生的发展，改革的变化，未来社会的走向，又必然会对课程有一种新的定向、新的内容和新的育人方式的要求，因此课程体系建设还要面向未来进行设计。

（3）立德树人与培养能力。育人课程可以是立德教育，培养学生的必备品格，如学生的对人对事态度，对于个人成长的一种理性设计等；育人课程也可以是能力培养，特别是培养终身学习的能力，如学会理论认知，学会灵活运用知识，学会思考等。深化课程改革，一要立德树人，二要培养能力。课程体系从根本上需要从立德树人课程与培养能力课程两个大的方面上进行。

（4）综合素质与提高质量。人的德与能，红与专，社会化与个性化，都具有整体性、差异性、阶段性。课程体系建设，要坚持以生为本、以学定教。在生活中要和全面实施素质教育相结合，对人的综合素质与立德、获能、社会作用效果等进行多方面、多层次、多元化的评价。因此，课程体系建设，要注重评价导向上的提升综合素质和提高质量的原则。一是让学生学会通过人文、科学、技术、艺术、健康等知识手段，全面掌握初、高中阶段的基础知识与基本技能，并有机会深入地学习研究个别学科；二是促进学生学会学以致用，获得社会行为能力、合作能力、创造能力、管理能力和解决问题的能力；三是引导学生学会理解、尊重、向他人学习，学会相互依存与融合，并为实现共同目标而交流沟通、努力践行；四是为学生终身发展，获得独立自主、富有批判精神打下良好的基础。

4. 学行课程体系概貌

广益中学在"行远自迩，登高自卑"的百年校训指引下，坚持

"增广学行，益国利民"的办学理念，依托百年广益传统教育教学文化，把"培养有学有行有个性的现代人"作为教育哲学，全面定位课程特色，构建"有学"课程体系与"有行"课程体系，以课程改革为抓手，让学生在立身处世、做人做事等方面有利于国家和人民。"学行课程"体系（SAT）坚持以"身心健康，人格高尚，世界眼光，有学有行"的课程育人目标为出发点和归宿，具体把课程体系建设划分为："有学"课程体系与"有行"课程体系两大板块。

——"有学"指的是"学识和学力"课程体系。包含语言与文学、数学、人文与社会、科学、技术、艺术、体育与健康、综合实践活动八个学习领域课程，其重点在于培养学生的学识和能力，强调学生要达到的知识能力基础，培养学生终生学习的能力。"有学"课程依据课程共同基础、学生个性发展及自主选择程度的不同，实行纵向分层，建设"基础—拓展—研究"三维立体的课程结构，它以面向全体的"基础·必修"为起点，同时以"拓展·选修"呈现出丰富性和选择性，以学生发现自己、形成发展方向的"研究·自主"课程为高点目标设计。

——"有行"指的是"品行和素养"课程体系。广益中学在全面贯彻党的教育方针的同时，结合百年广益的历史底蕴，弘扬中华传统文化，围绕社会主义核心价值观和学校"一训三风"的文化内核，拓展育人渠道。课程体系分为五个板块，分别代表"思想品德、艺术修养、身心健康、学业水平、社会实践"五大方面，促进学生由"他律"到"自律"的自我教育过程，最终实现"有行"课程"品行培养"的发展任务，提升学生综合素养。"有行"课程与"有学"课程经纬交织，纵向分类建设"益信、益品、益身、益智、益行"五大领域课程群。

学行课程体系（SAT）结构图如下：

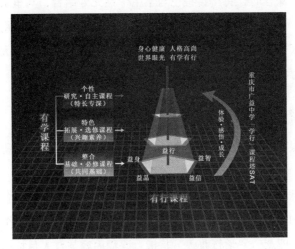

重庆市广益中学"学行课程"塔SAT

二、学行课程体系建设的实践操作

1. 学行课程体系的实践导向

学行课程体系建设的实践，以"国家课程校本化、校史课程特色化、地域课程个性化、选修课程多样化、活动课程系列化"五大工程为抓手，打造以国家课程和精品校本课程为基本架构的广益课程，即"学导课堂、选修课程、校史课程、地域课程、活动课程"五大精品课程，整体统筹学校课程建设。在课堂教学改革探索中提炼"以学导学"课堂教学模式，即"学导课堂"。"学导课堂"以"面向全体、关注差异、异步发展"为理念，以"三环九步"为操作流程，以集学案和导案为一体形成的《学与导》为载体和实施条件，以增值性评价为保障。学校将大力开发校本课程，形成独具特色的校友专家课程；将大胆实行分层教学、走班教学，激发学生学习兴趣和培养学生特长爱好；将大兴小课题研究，形成"人人有课题，个个在研究"的良好局面。为了促进综合实践活动的特色化、规范化、长期化发展，学校在设计相关课程时，将广益特色与学生个性充分结合，与重庆文化遗产研究院、武陵山珍中国养生会馆、南山植物园以及文峰新街等相关单位和社区分别签署建设"综合实践基地"框架协议，"七大基地"的建设将为学校未来开展综合实践活动提供更为广阔的平台。

2. 学行课程体系建设各要素的操作

学行课程体系的主要要素有：课程理念、课程目标、课程内容、课程实施、课程管理、课程评价、课程保障。

（1）课程理念。学行教育课程体系建设在学校办学理念"增广学行，益国利民"的引领下，把"学行兼备，知行合一"作为课程体系建设的理念。"学行兼备"是指：课程内容与育人目标结合，建设"有学""有行"两大课程结构及"五益"课程群、校史课程、公众考古等特色课程和精品课程，促进学生发展目标"身心健康，人格高尚，世界眼光，有学有行"的实现。"知行合一"是指：以学情为起点引导学生自主学习、合作以及探究式学习方式的转变，突出学生"会观察、会思考、会表达"能力培养，把广益"自强、实干、团结"三种精神融入课程育人的核心素养培养之中。在课堂教学中，把"知识为本"转变为"核心素养为本"，使学生学会学习、学会思考、学会做人、学会审美，最终达成学生掌握终身受用的方法和技能，养成终身有益的行为品行的育人目标。

（2）课程目标。贯彻《国家中长期教育改革和发展规划纲要（2010—2020年）》和教育领域综合改革精神，落实立德树人和素质教育的基本要求，围绕"身心健康，人格高尚，世界眼光，有学有行"的育人目标，以"课程建设满足每一个学生个性化发展需要"的教育先进理念为指导，整体规划学校课程建设，突出基础性、多样性、开放性和选择性，围绕个性化教学的"学导课堂"，创新课程实施方式和工作机制，逐步构建符合高中课改要求、特色鲜明、效果显著的"学行"课程体系（SAT），构建以"益信、益品、益身、益智、益行"为目标的五益课程群，促进学生全面而有个性的发展、教师持续的专业发展和学校的特色发展。

细化的三个具体课程发展目标是：

——课程育人目标：培养"身心健康，人格高尚，世界眼光，有学有行"的学生，力争以文化育人、理念育人、课程育人、特色育人、环境育人，培养更多具有高度社会责任感、厚德博学、全面发展、学有特长的优秀人才。

——课程教学目标："有学"课程重点培养学生的学识和能力；"有行"课程重点培养学生的品行和素养。教学坚持核心素养与学科课程深度融合，引导学生"做中学"，对学生学业采取多元成长的方式评价。

——课程教师目标：以"思想力、设计力、执行力、评价力"为教师专业化发展的四个着重点，强调教师"吃得苦、敢于拼、会合作、不服输"的素养，激励教师努力成为"四有"好教师。

（3）课程内容。主要是"有学"课程内容。包含语言与文学、数学、人文与社会、科学、技术、艺术、体育与健康、综合实践活动八个学习领域的课程，纵向上分为"基础—拓展—研究"三个课程类别。

——基础型课程：本类课程属于学校核心课程，依据课程标准中的必修内容，顶层设计为：突出内容整合，强调基础性，体现少而精；按照学生差异和课程的难易程度，实施课程分层开发和教学，满足学生多元发展和最大限度的发展，并在实践过程中不断完善体现核心素养的学科知识体系。

——拓展型课程：本类课程内容分为学科拓展与兴趣素养两类，包括各学科课程标准规定的选修Ⅰ、选修Ⅱ和学校自主开发的特色校本课程（即选修课程Ⅰ中非必选课程与选修课程Ⅱ、校本课程系统整合，形成学校丰富多彩的校本特色选修课程）。顶层设计为：围绕学生多样化、个性化需求和学校特色发展方向，开发丰富多样、可供选择的课程类型。

——研究型课程：本类课程内容以研究性学习为主，针对学生参加科技、体育、艺术等不同领域社会实践活动的学习需要而丰富化，分为校内与校外两部分，内容和形式由学生自己选择。顶层设计为：为各类学生提供自主发展空间，在校内外指导教师、专家身边开展研究实践，发挥学生特长，使学生个性潜能向高水平发展，逐步找到自己的人生方向。

"有学"课程类根据广益学校的历史，形成了两类特殊的校本课程：校友课程和校史课程。

——校友课程。校友课程是依据学校办学120年时部分校友专家倡导的传承"广益精神"，提出用一代代"广益人"的学习与进步、事业与成就去见证文峰塔下"江巴学校之冠"的岁月，并以"大文化"的形式讲述学行教育求实、认真的科学态度，以及敬畏历史、尊重历史的责任，以客观严谨的治史精神，追忆曾经的校园生活，不断开拓、培育校友文化，塑造校友品质的课程。如校友陈庆初退休前曾担任过四川省交通厅副厅长，他在应邀回校讲课时，选择了"交通与旅游"这一主题，每年为学生讲授4堂大课，内容囊括了中国的交通运输行业发展、旅游景点风情介绍，以及中国交通、旅游业在融和发展中的创新与实践。学校的校友课程总体上依托校友会强有力的支撑，遴选了11位知名校友专家学者，开设了11个益智课程选修模块，

学校地域课程建设研讨会

包括文学修养、审美艺术、史学掠影、交通旅游、身心健康、经济发展、百年广益、文明礼仪、国际交流、医学卫生、航天科技等广泛通识，以主题讲座和选修课堂的形式，循序渐进地教育、熏陶学生。目前，陈庆礽、刘达伟、赵心宪、薛新力、张爱琳等专家校友纷纷作为学校客座教授，开设了20多个科目的校友专家课程。

——校史课程。校史课程是依据学校"百年文脉"开设的校史文化课程，本课程从"行远自迩，登高自卑"八字校训为起点，对学校的建校与学校各历史发展时期的教育活动、课程建设、学生学习等进行归纳分析，从中寻求广益中学办学敬畏历史、尊重历史、严肃对待历史，尊重事实本源的教育。如广益中学校友会名誉会长、广益中学原校长毛宝权在论文中写道：通过《公谊会在中国·1886—1939回忆录》的记载、英国公谊会图书馆高级助理的查证、杨伯庸的调查所提供的历史材料，论证了建校起源"1892说"是真实的，从而让母亲的岁数和她的一生过往得到了肯定。

其次是"有行"课程内容。主要是针对学生立德和培育学生"品行和素养"的课程内容。课程横向上具体区分为：思品课程、五益课程、社会实践课程和个人修养提升四类课程。

——思品课程：本

《重庆日报》专题报道"校友专家课程"

类课程内容主要是依托各学科德育指导纲要，对学生进行爱党爱国、理想信念、诚实守信、仁爱友善、责任义务、遵纪守法等思品教育。顶层设计为：在学科教学课程实施的各个环节有效落实德育目标，融德育于教学之中，提高学生的思想品德素质、心理素质、行为素养，涵养学生品性，提升学生的生活品位。如学校从当代中学生遇到的矛盾、困惑出发，开设了法律基础课程，通过对其遇到的事件进行讨论、分析，教他们如何明辨是非、处理问题，提高他们分辨善恶美丑的能力。学校开设的益品课程群，重点是培养学生优良品质，为其长远发展打好基础。在一系列的传统文化、文明礼仪课程中，老师们以言传身教、由己及人的方式让学生体会到"礼"的重要性，从而注重在家庭、校园、社会等各个方面的礼仪培养，提高学生对传统文化的认知以及自身素养的提升。

——五益课程：本类课程内容是学校落实立德树人教育中最具校本特色、最有利于学校育人功能发挥的。具体为充分体现当代学生核心素养培养需要，重点培养学生责任担当和科学精神、人文底蕴、学会学习、健康生活、实践创新等综合素质与能力的学习内容。顶层设计为：整合国家、地方、校本三级课程，传承"学行文化"，融入"增广学行，益国利民"办学理念，承载"自强、实干、团结"三种精神的培养和"同心、动心、信心"三心教育的内容。如学校开设的责任感养成课程，主要在于鼓励学生为自己的理想付出行动，对自己的现在负责，对自己的未来负责；学校开设的爱国主义课程和公民

章显林校长与参加植树活动的学生合影

教育课程，旨在让学生树立起作为一个中国人的民族自豪感与使命感，做一个合格的社会主义公民。

——社会实践课程：本类课程内容是依据素质教育培养学生社会实践能力的要求，以学生各类社会实践活动的开展为重点课程内容。具体以广益三宝"足球、美术、地理"为代表。顶层设计为：挖掘学生的兴趣、发挥学生的特长、丰富学生的课余生活，依托综合实践课程，纳入学校课程安排，开展研究性学习、社会实践和社区服务等课程内容。如学校与重庆文化遗产研究院、武陵山珍中国养生会馆、南山植物园以及文峰新街等相关单位和社区分别签署建设"综合实践基地"框架协议，让学生利用身边的资源，现场讨论，参加学校行远考古社，实地考察黄桷垭老街、探访黄桷垭老街道改造、走进涂山窑遗址考察等提供一系列学行课程实践，使学生从教室走向校外，从书本走向自然界，看得更多，走得更远。广益中学自2010年推进高中新课程改革以来，一直重视综合实践活动的常态开展。2015年初已经建立了七大综合实践基地，其中之一就是与重庆文物遗产研究院合作打造的公众考古文化基地。依托公众考古基地开展类似的研究性学习活动，是学校推进综合实践的有益尝试。2015年12月22日，重庆市文物遗产研究院文物考古研究所一线工作人员、重庆太平门遗址现场发掘负责人孙治刚走进重庆广益中学，给100余名学生做"重庆太平门遗址"现场报告，详细介绍太平门考古发掘的工作背景、发掘过程、太平门的遗存，以及田

"开学典礼"弘扬尊师重教情景剧表演

野考古与文献研究的主要收获。

——个人修养提升课程：本类课程内容着力于提升学生人文素养，加强学生正确选择人生目标，发展个人特长的。如学生的人生规划课程、责任感养成课程、加强整本阅读的课程等。顶层设计为：依据现代社会人文精神与民主法制教育要求，加强学生人文素养的培养、公民权利与义务的修养教育。如"益信课程群"的建设，为让学生树立起高远的人生目标，学校开设了人生规划课程，重在帮助学生正确认识自我，把握自身优势以及性格特征，做到脚踏实地、树立"益国利民"的人生追求，侧重培养学生科学的规划学业和生涯发展的能力。"益信课程群"的育人目标在于培养"有理想、有本领、有担当"的新人，通过主题教育活动开展可以较好地落实益信课程群的培养目标。如在学校2018年运动会开幕式上，扮演袁隆平的2020届学生谭怡说："为了充分展示楷模形象，我们从场景设计到台词，从表演到走位，每个细节都进行了反复琢磨，尽可能地传递袁隆平执着的科学精神和不断突破的创新精神。"

（4）课程实施。课程实施是将编制好的课程计划通过各类有组织的活动付诸实践，并实现预期课程目标的过程。课程实施有不同的价值取向：忠实取向、互动取向、创生取向。同时也与实施的主体——教师和学生的认知与行为有十分密切的关系，课程实施的成败在于师生对课程计划的调适和改造。课程实施的要素有：安排课表、落实教学任务、研究学生学情、选择教学模式、规划课程单元教学、组织并开展教学活动、评价教学活动。

学行教育的课程实施分为以下三个方面：

一是基础·必修类课程的实施。主要实践做法是：将课程内容进行整合与分层，通过重组、补充、取舍、替换、拓展和调整等策略使之更符合学校培养目标，根据学生学力差异、发展方向的不同，进行分层教学。教学采取"面向全体，关注差异，异步发展"的课堂教学理念，立足学生的最近发展区，按差异教学的理论，从三维目标出发，改变教学方式和学生的学习方式，形成"学导课堂"模式。

二是拓展·选修类课程的实施。主要实践做法是，课程内容确定为学科拓展类选修：一是选修Ⅰ的部分模块作为高层次班级的必选课程；二是面向全体学生，各学科在高中三年根据学生的学习基础在相应阶段开设选修Ⅰ模块（原则上选修Ⅰ模块全部开设）；三是校史文化类课程、地域特色类课程、人生规划类课程、领袖气质类课程、体艺健康类课程、创意实践类课程、国际理解类课程等分年级选修。在课程教学上采取长短课时、走班教学，探索"双主"教学的教学方式和学习方式，同时学校进行整体构建，借助专家引领同步进行，创造性地形成学校课堂教学模式。

三是研究·自主类课程的实施。主要实践做法是：课程内容由个人或小组定制学习内容，主要采取书院制、导师辅导、团队学习等方式实施。如2017年10月的运动会上，广益学子创新入场仪式，以"榜样的力量"为主题，致敬袁隆平，缅怀邓稼先，追忆冼星海，梳理黄大年的平生事，重现杨利伟首次登上"神舟五号"的活动场景；11月又以"有理想、有本领、有担当"为三大关键词，扮演著名科学家黄大年等人物，通过自编自导自演的活动，积极践行十九大精神；2018年1月，以"理想飞扬十九大 青春演绎新时代"为主题的2018年元旦文艺会演，学生们通过小品、情景剧、歌舞剧等形式诠释廉洁，扮演榜样人物，展现满满正能量。学校利用开放教学周，实现"以开放求沟通，以沟通求理解，以理解求支持，以支持求发展"的教学研讨目的，与真武山社区、文峰新街社区、南山路社区、黄桷垭社区、重庆市文化遗产研究院、公众考古办、重庆南山植物园、武陵山珍中国养生会馆进行了综合实践基地的签约授牌仪式。

（5）课程管理。课程管理是依据课程内在结构与课程内容，由课程管理部门对课程的编制、实施和评价进行管理的过程，课程管理的重要目的在于使课程达到预定的育人效果与教育目标。课程管理采用集中课程管理、分散课程管理、标准统一与管理分散三种不同的体制。新课程采取的是标准统一与管理分散的三级课程管理体制：国家制定课程发展的总体规划，确定国家课程的门类和课时，制定国家课程的标准，宏观指导课程实施；省级教育行政部门根据国家对课程的总体设置，规划符合不同地区需要的课程实施方案，包括

学校"机械社"学生参加亚洲机器人公开赛

地方课程的开发与选用；学校在执行国家课程和地方课程的同时，开发或选用适合本校特点的课程。

学行教育的课程管理：

一是建立课程管理的学校机构。课程研制与实施中心主任由校长担任，特别设立课程管理副主任与人员，针对学行课程体系建设提出规划与实施方案，对课程实施过程进行过程管理与质量管理，对教师开展课程培训与课程研讨活动的组织，对学生参与课程教学情况进行监控，对上级主管部门的课程建设要求和同类学校课程体系建设、课程研发情报进行收集整理等。

二是制定课程管理的学校制度。针对课程建设与课程实施、课程评价与课程开发等课程管理，制定比较有操作性的课程管理制度，如教学组织的选课制和走班制、教学组织的导师制和学长制、课程开发的管理方案、学校课程规划等。

三是研发课堂教学的"学导课堂"教学模式。该模式的内涵主要为：实行双主体教学活动组织，教师主要是导学、导思、导练，学生主要是自学、会学、乐学。在教学中实行"科学目标、分层落实、过程管理、考核评价"的管理，在学习中实行"体验为本、思维为核、能力为重"的质量管理。

四是加强对教师能力提高的管理。提高教师能力的管理是关键，

学行教育把提高教师能力提到重要的地位上。一从强化教师教学常规管理入手，如细化教学准备、课堂教学、教后辅导诸环节的管理要求，规范教与学的时间分配，加强教学督导组的督导，完善《广益中学教师教学工作考核条例》等；二从提升教师业务水平上下功夫，如集体备课要求做到"三定""四备""五统一"，教学要求采用"学导式"课堂模式等；三从校本教研上强调教师要研究教学，以课题带项目，以项目促成果，实现教师人人参与研究教学的目标。

《重庆日报》报道学校课程改革

　　五是充分发挥校友会的力量。广益中学120多年的办学历程，离不开校友的智力支持和资金支助。在一次联谊会上，张仁熙校友为母校捐赠了100棵银杏树，价值约10万元；崔光祖校友为母校捐赠了200棵桃树、李树，植树处命名为"桃李园"，意在祝福广益中学桃李满天下，教育发展更进一层。不仅如此，已故广益校友会会长郭俊的亲人，更是将"郭俊绘画作品集"赠送给母校……

　　（6）课程评价。课程评价是检查课程目标、编订和实施是否实现了教育目标、实现的程度如何，以判定课程设计的效果，并据此做出改进课程决策的过程。课程评价的对象包括课程的计划、实施、结果等诸多课程要素。广义的课程评价分为学生评价、教师评价、学校评价等，狭义的课程评价可以简单地认为是课程的教学评价。学行教育的课程评价主要是"有学"和"有行"的课程目标编订和实施的过程评价与效果的评价，以及"五益"课程建设与实施的效果评价。

——"有学有行"的课程建设评价。依据"身心健康、人格高尚、世界眼光、有学有行"的育人目标，对"有学""有行"课程建设的评价取向为："有学"课程重点培养学生的学识和能力；"有行"课程重点培养学生的品行和素养。

——"五益"课程建设与实施的评价。依据学生学会做人与做事，实现全面发展的要求，形成学行兼备、知行合一的评价取向：五益课程采取多元化与多层面、过程性与终结性、主体性与交互性、外在式与自我式、单项目与整体式等方式与方法评价，如模块考核与学分认定、综合素质评价等。

（7）课程保障。课程保障是指课程建设与实施所需要的环境条件与文化条件，以及人力、物力、财力所提供的基础内容。学行教育的课程保障是"立体"的课改支持系统：有组织保障，如课程建设领导小组、专家顾问组和工作小组等；有制度保障，如整体课程方案、选课制度、实验室开发与管理制度等；有师资保障，如特级教师、市级骨干教师、学科教学能手等；有物质保障，如实验室、图书馆、体育场馆和信息化管理平台等；有资源保障，如高等院校联合开发资源、家长和校友资源等；有经费保障，如课程建设经费预算纳入专项经费、校友会经费捐赠等。

校友会奖学金颁奖大会合影

|案例|

在活动中阅读
——"中华典籍整本阅读"精品阅读选修课主题教研

一、教研主题：在活动中阅读

在阅读教学实践中，采用何种方式让阅读行之有效成为关键。我组教师提出了多种可行的措施，"在活动中阅读"是其中一种，让学生在形式多样的阅读活动中，获得对经典名著的个性化的体验。

二、目标叙写

1. 学生成长目标

学生在讨论、辩论、写作、诵读、表演等形式多样的阅读活动中，通过小组合作与班级合作，能够根据具体情况按照要求在公众场合主动愉悦地、富有感情地、条理清晰地、大方得体地发表自己在阅读中产生的观点和看法，有效聆听并快速记录小组成员的见解，通过质疑、辩驳、补充等方式，实现阅读成果的分享与交流，激发自主学习、快乐学习的内生机制的产生。

2. 教师成长目标

教师能够将自己和学生的自我个性、对名著的感悟结合在一起，设计出富有趣味性、学科技能性、情感性的阅读活动。

三、教研活动内容

序号	教研内容	时长	负责人	活动推荐	开展方式
1	竞赛类活动设计	1个月	李雪竹	知识竞赛	集中讨论
				作文大赛	QQ群讨论
2	即时表达类活动设计	1个月	陈军	沙龙、辩论	
3	表演类活动设计	1个月	李晓娟	朗诵、课本剧	

四、教研流程图

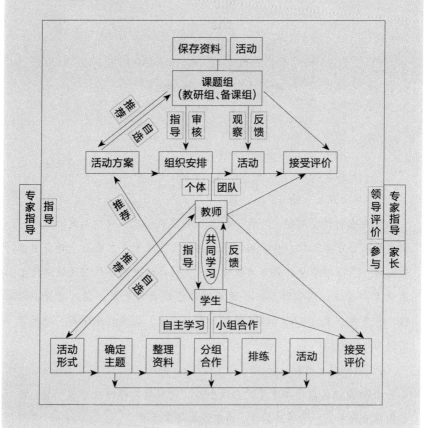

五、教学设计

"青梅煮酒论英雄"之刘备　教学设计（节选）
重庆广益中学　陈军

一、教学目标

1. 学生交流"刘备——真假英雄？"的研究所得，相互学习，提高认识水平。

2. 学生在老师的引导下对争议点"夷陵之战"进行讨论辩驳，砥砺思维。

3. 学生分享自己的读书心得，相互启发。以他山之石，攻我之玉。

二、教学过程

1. 课前5分钟播放《三国演义》电视剧片首曲视频，营造氛围

2. 师致开场白——确定本课主题（1分钟）

3. 朗读表演——《青梅煮酒论英雄》（3—5分钟）

4. 务于精纯——交流对刘备的研究与评论（8分钟左右）

教师提出：刘备是英雄吗？如果是，他有哪些英雄的表现呢？谁来谈谈你的研究结论。

学生交流（2—3人），教师适时点评。

5. 慎思明辨——争议话题、讨论辩驳（20分钟）

教师提出讨论主题——"夷陵之战，是英雄所为吗？"

讨论的具体问题：

①前期决策——这一仗必须要打吗？

②过程结局——刘备的失败是必然的吗？

在学生的发言比较平淡时适时点拨，提示思考的角度：

①从人物多重身份看（兄长、父亲、国君）

②从罗贯中塑造刘备这一角色的意图看

③从刘备面临的内外形势来看

④从双方统帅的个人性格看

⑤从天时、地利、人和来看

⑥从战争准备和才干谋略看

师：请大家看清讨论的问题，认真思考。五个小组来PK一下，看哪一个小组的见解不凡，有理有据。

生：小组讨论（5分钟），做好记录。

生：小组代表针对第一个问题陈述己方见解。

师：适时评点，敏锐抓住有不同见解的地方引导学生互相辩驳。

生：小组代表针对第二个问题陈述己方见解。

师：适时评点，敏锐抓住有不同见解的地方引导学生互相辩驳。

6．反思总结——交流学习心得与收获体会（5分钟）

师：请大家用简洁的一句话来概括学习心得，要求语言精练。

生：思考1分钟，打好腹稿。

生：自由发言，5—8人。

7．结束语（1分钟）

第五篇　学行教育实践（三）：队伍建设

学行教育需要有学行素养与教育梦想的教师，在学行教育的实践中，教师队伍建设具有十分重要的地位与作用。"专业精深，合作奉献，学识广博，德行高尚"的师者风范，是学行教育教师队伍建设的总体目标，而在教化育人过程中如何让教师洞察时代的"师道人心"，则是学行教育最具特色的教师队伍建设实践。学行教育把教师的"四有"和"四我"队伍建设作为教师队伍建设的主要实践，要求教师具有"高山仰止、景行行止"的教风，成为"行远自迩　登高自卑"的示范，在"学行兼备，知行合一"上做出个体的表率。

一、学行教师队伍建设的理解

教师承担着传播知识、传播思想、传播真理的历史使命，肩负着塑造灵魂、塑造生命、塑造人格的时代重任，是教育发展的第一资源，是国家富强、民族振兴、人民幸福的重要基石。加强学校教师队伍建设，是学行教育实践中一项极为重要且影响教育质量提高的活动。笔者认为，教师是教育教学工作中的"第一生产力"，一所学校要想开创"师道中兴"的教育格局，必将把锤炼师能放在首位。并直言："正所谓'工欲善其事，必先利其器'，在学校实现跨越式发展的过程中，我们更加明确了教师的主体作用和价值体现。"

学行教育教师队伍建设的总体目标是：专业精深，合作奉献，学识广博，德行高尚。学行教育坚持全面深化新时代教师队伍建设，把践行"我重要、我行动、我自豪、我幸福"的"四我"发展放到教师队伍建设的理念上，以做"有理想信念、有道德情操、有扎实学识、有仁爱之心"的"四有"好教师作为教师发展的标准。一是倡导教师做一个有教育梦想的教师，既要追求学行兼备、知行合一的教育实践，也要把培养学生核心素养、培养建设者和接班人的高质量教育作为教育的理想；二是对教师实行岗位责任制，实行全员聘用合同制，以需定岗，竞争上岗，严格考核，公开公正，实现能者上、不能者下的用人机制；三是教师教学实行"科学目标、分层落实、过程管理、考核评价"的管理模式，要求教师转变教育观念，树立正确的教育观、质量观和人才观，增强实施素质教育的自觉性。

二、学行教师素养的培养实践

学行教育教师队伍建设，重要的是提高教师的学行素养。教师的学行素养，主要包括三个方面：一是践行"增广学行，益国利民"办学理念，成为学生的示范，在教育教学中具备思想力、设计力、执行力、评价力四种课程建设的能力；二是完成立德树人任务的专业素养，能做"有理想信念、有道德情操、有扎实学识、有仁爱之心"的"四有"好教师，在教育科研、教学实践中发挥好教师专业能力的作用；三是个人修养提高方面，除坚持教师职业道德规范外，还要求从"我重要、我行动、我自豪、我幸福"的"四我"发展理念上，模范执行"应物立人、明体达用"的校风，成为怀揣教育梦想的教师。在笔者任校长的十年里，学校重本突破500大关，改写了71年来学校无清华学子的历史，这是团队的力量，是每位教师实干的成果，是教师队伍建设的有力实践证明。

1. 学行教育培养的校长

教育家苏霍姆林斯基说过："校长是教师的教师。"学行教育教师队伍建设，首先从校长的素养培养做起。校长的个人素养，依据国家的专业标准，主要是德、识、才、学。校长的"德"主要是职业道德，是把以人为本，尊师重教，民主法制，公平正义，以及社会主义核心价值观融入学校管理与学校决策活动之中。校长的"识"是校长的智慧，是对于学校发展与教师队伍建设，以及教育质量提高的一种认识与胆识，是面对学校教育教学的历史和现实问题时有责任、有担当的一种思想意识。校长的"才"是指校长的才干，也就是作为一校之长的能力，多数情况下，校长的能力是一种领导与管理能力。校长作为学校的领导者和管理者，主要的是学校领导班子建设的协调、交流、分工与协作、主导与责任担当的能力，多数情况下，校长是领袖式的人物，对于班子有着核心力量的影响。校长的管理能力，主要是对学校各职能部门的管理指导，对各种教育教学实践活动开展的责权分配，对教职员工的业务提高和教育教学质量提高的总体监督、评价、激励等方面的工作能力。校长的"学"，是一门校长任职的基本学问，也可以说是校长的意识、自我努力的态度、人生发展的观念，以及校长对于学校教育、学校文化建设、学校人文精神等方面的个人选择。

学行教育的教师队伍建设和校长的学行素养提高是十分重要的问题。学校校长自然是学行素养的引领者，并且在某些方面比较突出，是能以身示教、能以行为服人的优秀实践者。学行校长应具备的核心素养，中小学校长的专业标准，可归纳为三个重要方面：一是校长的政治素养，包括五大发展理念、四个政治意识和四个自信，是学行教育校长执行党的教育方针，关注中国特色社会主义教育，保证学校沿党的教育方针政策与时俱进进行改革的重要素养；二是校长的领导能力素养，学行特质——校长独具的学行教育理念、学行教育思考、学行教育课程体系建设、学行文化特色等综合素质；学行优势——校长的管理特长，是对"学"和"行"的总体价值取向，是对学思行、做中学、学行统一、学形兼备、知行合一的理解与选择，可以表现为不同的优势；三是校长的个人修养，依据中国人"正心、格物、修身、齐家、治国、平天下"的成人要求，校长的人格力量，校长的为人处世方式，校长对教育的情怀、对教育的梦想等，可以说是学行校长的重要核心素养。

2. 学行教育培养的教师

学行教育的教师是主导，是具体的实践者和建构者，依据新时期深化教师队伍建设的总体要求：以德立身、以德立学、以德施教、以德育德，坚持教书与育人相统一、言传与身教相统一、潜心问道与关注社会相统一、学术自由与学术规范相统一，争做"四有"好教师，全心全意做学生锤炼品格、学习知识、创新思维、奉献祖国的引路人。按照培养教师"专业精深，合作奉献，学识广博，德行高尚"的总体目标，学行教育教师培养的途径主要有以下三个方面：

一是师德教育。教师要把立德放到首位，教师的德从三个方面着手，首先是职业道德，要把党和国家的师德要求落实到教师的个体行为中；其次是品德，教师的公平正义，教师的法制意识，教师的为人处世，要求教师具备高尚的品德；最后是人格修养，教师要有正面的人格形象，要有人文关怀，要关注教育的初心，牢记教育使命，要具有一定水平的人文知识与人文精神。

二是能力教育。首先是教师的教学能力，如要求教师具备符合学生"口味"的讲课能力，要求教师具备使用互联网教育技术的能力，要求教师具备评价学生学行素养的能力，要求教师形成课程领导建设的"思想力、设计力、执行力、评价力"等。其次是教师的研究能力，成为研究型、课程建构型的教师，学校选派教师参加"面向21世纪三峡库区区县整体推进素质教育改革与发展""依托校本研修，提高课堂教学有效性的研究""中学思想政治课教学，促进学生知行统一"的教改实验等国家级、市区级和校级课题研究，意在提高教师的研究能力。最后是教师的自主管理，主动发展能力，学行兼备，勇于创新，成为有教育梦想的教师，这是学行教师能力教育的培养要求。

三是理想信念教育。学校传承"自强、实干、团结"的百年广益精神，致力于学识、学力、品德和素养的习得，这是广益教育发展更高级、更有效的核心竞争力。因此，教师开展中国梦、教育梦、广益梦的理想信念教育，努力践行学行教育是学校的立身之本，利在当代，功在千秋。学校通过提高教师整体能力，提升教师专业责任，强化教师的专业积累，培育教师专业发展的自主精神和专业责任，以建设学术支持团队等作为举措对教师进行理想信念教育。

——青年教师的培养。自2007年成为重庆市重点中学以来，广益中学对新老师的阶段性培养工作进行了全方位的重新梳理，将新教师入职前三年定义为快速成长期，由经验丰富的老教师对青年教师进行一对一师徒制培训，签订师徒协议后，师徒之间就将开始一系列的密切教学互动。在互相听课评课中，获悉彼此对于教材内容和知识点的把控程度；在集体备课中，利用集体智慧解决自身的教学困惑；在日常探讨中，不断激发对于教育教学工作的热情与乐趣；在主题教研活动中，养成基于科学理论的教书育人观念，常态化的指导与培训已经覆盖到了新教师工作中的方方面面。2015年9月入职的语文老师钟林娟说："幸好有师傅冯华老师的细心指导，不然我绝对适应不了这么快。"两年时间里，自己不仅学到了语文教学方面的专业知识和相关教学管理经验，也掌握了许多班主任工作上的技巧和方法，师范生只

教师节新入职教师宣誓

有真正走上教师岗位，才能透过现象，把这些概念充分理解、消化。2017年2月24日上午，学校青年教师培训讲座上，周星

副校长讲解了教师需要具备的六种知识和需要养成的七种习惯。六种知识是：内容知识、一般的教学法知识、课程知识、与内容相关的教学法知

周星副校长在青年教师培训中演讲

识、关于学生及其特点的知识、教育环境的知识。七种习惯是：主动积极、以终为始、要事第一、双赢思维、知彼解己、统合增效、不断更新。讲座让青年教师们受益匪浅。

——骨干教师的成长。骨干教师是学校教师队伍的核心，当前在呼唤教育家办学、骨干教师领先、学科带头人示范的情况下，教师队伍建设不是靠顶层设计就能完成的，它更需要培养教师们的一颗教育家的"心脏"，具备一种教育家的情怀。学校为促进骨干教师的成长，一方面采取"走出去、引进来"方式，派出学校优秀教师参加各种高端培训学习，另一方面请专家教授到学校具体指导教师的教育教学实践。从新课改伊始，广益中学就聘请了原中央教科所研究员、博士后工作站导师华国栋作为学校的顾问，并邀请了多位知名专家每年定期到学校针对课堂教学改革进行培训和指导。事实上，近几年广益学校在开展培训、教研和教学展示时，都高度借专家之力，让专家也参与进来，围绕"主题教研"，较大幅度地提升了教师业务能力，通过"骨干教师工作坊"，引领了学科骨干教师的发展。学校还鼓励骨干教师开展研究工作，申报市、区级课题，以课题研究促进自己专业成长，将教师在教育教学中的反思和心得提炼成论文，并发表和出版。学校的市级骨干教师文敏作为教研组长，倡导老师们一是要用"智慧"教书，提高老师钻研教材的能力，在提高课堂有效性的方面

进行深刻研讨和反思；二是要用"合力"教书，增加语文组老师们的凝聚力，做到资源共享，发挥优秀教师、骨干教师的作用，从而带动青年教师的专业迅速成长。文敏作为志愿者，在援藏的最后一个月，主动向基教科申请送教下乡，为县上老师上公开课，被昌都地区组织部考核评定为优秀支教教师，她的优秀事迹在《重庆时报》《南岸报》刊登。文敏个人曾被南岸区人民政府评为"优秀教师"。她先后获教育部征文活动全国特等级一次，一等级四次，曾两次获重庆市中学生作文大赛指导一等奖。

文敏老师在西藏昌都支教时留影

她指导学生参加市"中学生民防知识竞赛"获三等奖；指导学生参加教育部一司的征文比赛获全国二等奖；她参加"国培计划"被评为优秀学员。

三、学行教育教师队伍建设思考

百年大计，教育为本；教育发展，教师为本。学行教育的教师队伍建设，立足校情，讲求"师道人心"。在笔者看来，盛世之治首在师道中兴，教育是心灵与心灵的沟通，是情感与情感的交流，教育的过程，更是每位教师的自我内化与提升，是智慧的碰撞和灵魂的对接，同时也是"闻道有先后，术业有专攻"的孜孜追求。近年来，学校建立5年名师支持计划，提出要培养1—2名研究员、特级教师，培养3—5名市区级骨干教师，20—30名校级骨干或优秀教师；青年教师的常规课的优质课率逐年提高3%，常规教学合格率达标率100%；优秀班主任人数逐年增加3—5人，班级常规管理达100%等队伍建设的思考。具体可采取以下途径，推进学行教师队伍建设。

1. 着力提高教师整体能力

提高教师的专业能力，需要通过制度激励、岗位责任、岗位任务、校内外的学术交流、教学常规评价等途径，同时也需要改革教师用人体制，优化教师结构，提高教师的专业质量。当前，面对教师"职业倦怠"，需要让教师们重新看到这个职业的光辉之处，建立起对于教师职业的责任感、使命感，实干精神与价值认同，让师道人心植根于每位教师的核心价值观中。提高教师整体能力，一是要建立优秀教师整体持续发展培养机制，充分发挥教师"经验曲线"最佳能力期间的重要作用，促进青年教师成长，壮大动态的优秀教师群体；二是要提升教师专业责任，强化教师的专业积累，培育教师专业发展的主动精神和专业责任。建立校内教师互动对话机制，处理好专业团队与个人的协调与激励，推行矩阵式的团队建设。

2. 有效开展教学常规评价

推进教师的专业化发展，需要重视常规教学评价的基础性作用。广益中学将精细化的教学文化融入学生成长的方方面面，在开展新知识教学之前，首先会进行教学评价，以学生为主体，考察他们的学习状态、行为条件，从而初步制定教学目标，预期教学结果。教师常规教学评价，一是要明确教学质量目标，围绕学校校本课堂教学模式，细化教学常规，引导教师对目标编写、课时计划、教学策略、提问技巧、互动交流、课堂管理和学生评估等关键技巧开展专业训练。例如，学校教导处管理者认为："同一老师带不同的班级，必须要根据学生的差异，制定不同的教学方式，给出适应不同学生群体的教学目标。"教师的教学从预习学案、课堂板书、知识讲解深浅到课后复习规划、作业布置，都需要依据学生的实际情况做出调整。二是要配套开发有效课堂教学的测评工具，适时监控课堂教学目的、教学过程与教学质量，建立教师课堂教学质量反馈机制，推进矩阵式学校管理，让更多的教师参与学校的制度建设和学术活动，找到工作的成就感。例如，深度挖掘教学细节，给予教学者和学习者一种积极的期望、热情、鼓励、认同及责任感的课堂教学评价追求，以及基于教师个体、学习共同体对学科知识的钻研、理解、热爱的教师素质教育评价追求等。这样才能够让教师的教学品质更加卓越和高效，才有利于师生反省与改善教学生活，也促进学校发展在教学实践中走向"文化自觉"与"内涵超越"。

3. 不断激励教师的专业精神

专业精神是对于学科知识的深入理解与运用，也是对于课程育人功能学科化程度的把握水平，更是对于立德树人任务完成的信心与决心。教师专业精神的激励，一是要有标杆，建立骨干教师成长阶梯，推进骨干教师、优秀教师发展的层级制度；二是需要对教师提出制定个人专业发展规划，实现任务驱动式的期望激励；三是要推行教师学术报告与支持制度，推广教师的学术成果，树立专业发展的标杆，提高教师的专业成就感。当一个教师有完善自己生命价值的内驱力，一个教师群体有寻求变革、实现突破的巨大潜力时，学校才可能成为一所学习热情高昂的学校。百年大计、教育为本；教育大计、教师为本。育人以何，首在师道中兴。在笔者看来，无论是身在教学一线，还是处于"幕后舞台"；无论是以身为范，还是孤独修行，都不能停止教化育人的步伐。

4. 建设教师的学术团队

教师队伍建设中，教师的学术水平的提高有很重要的作用。对于学行教育理论与实践中需要解决的问题，必然需要建立专门的学术团队集思广益进行研讨、提出对策。学行教师的学术团队，一是来自校本的顶尖级学科教师带头人；二是从校外引进项目专家、特聘名师等领军人才；三是学校学术委员会的管理者。正是通过学行学术团队的努力，教师的专业化水平提高才能顺利进行。从教4年的生物老师唐丽参加重庆市优质课大赛中，用手机APP作为导入，用"数码化妆"的方式诠释了细胞衰老的全过程。该课教学的成功，是学校学术建设的代表，它离不开学校整个生物学科组的细心打磨，也离不开名师工作室的专家指导，虽然生物是一门理科学科，但在其中适当引入德育教育和生命教育的元素是其成功的支点。

| 案例一 |

高山仰止、德才兼备的师者风范

近十年来，一对一师徒制培训新老师、开放平台跟岗锻炼、教育名家思想引领、一年一次外派学习、校内教师队伍团建等一系列的教师专业化发展举措发挥出的协同作用，已然让广益中学的老师们收获了来自职业进阶道路上的精彩蝶变，随之而来的更是这所学校教育教学质量和品牌势能的整体提升。

锤炼师能 在专业发展中磨砺"师者匠心"

教师是教育教学工作中的"第一生产力"，一所学校要想开创"师道中兴"的教育格局，必将把锤炼师能放在首位。"正所谓'工欲善其事，必先利其器'，在学校实现跨越式发展的过程中，我们越发明确了青年老师的主体作用和价值体现"。谈及学校整体发展与教师专业发展的交集，广益中学校长章显林发出了这样的感慨。在他看来，以核心素养为教育主旋律的今天，学校在教师培养方面应该将锤炼师能放在优先发展的位置上。

　　自2007年成为重庆市重点中学以来，广益中学对于新教师的阶段性培养工作也进行了全方位的重新梳理。将新教师入职前三年定义为快速成长期，由经验丰富的老教师进行一对一师徒制青年教师培训，签订师徒协议后，师徒之间就将开始一系列的密切教学互动。

新教师入职宣誓

　　在互相听课评课中，获悉彼此对于教材内容和知识点的把控程度；在集体备课中，利用集体智慧解决自身的教学困惑；在日常探讨中，不断激发对于教育教学工作的热情与乐趣；在主题教研活动中，养成基于科学理论的教书育人观念……常态化的指导与培训已经覆盖到了新教师工作中的方方面面。与此同时，师父和学校还将定期向他们推荐用于深度学习的专业书籍，以此加强其在教学方法、教材分析、文本解读、目标叙写等方面的能力。

　　2015年9月入职的语文老师钟林娟回忆起这两年的师徒学习过程感触良多，刚参加工作就担任高中班主任，高强度教学任务和每天十多个小时的工作时间，一下子让她感受到了空前的压力。钟林娟说："幸好有师父冯华老师的细心指导，不然我绝对适应不了这么快。"钟林娟说，两年时间里，她不仅学到了语文教学方面的专业知识和相关教学管理经验，也掌握了许多班主任工作上的技巧和方法。

　　"我们师范生在大学学到的更多是教育的概念，只有真正走上教师岗位，才能透过现象，把这些概念充分理解、消化。"在冯华身上，钟林娟看到了身为班主任的实干精神，也看到了一名优秀语文教师身上的厚重学识和教学魅力。如今，她已经处在师徒培训的第三年，这个学期，她还与冯华老师一起为高中2018级的学生们共同创作了一首专属的"年级赋"，希望他们牢记"广益精神"，成为母校的骄傲。

青年教师培训

"赋的初稿本来很快就完成了，但师傅却一直不满意，总觉得差点韵味。"钟林娟介绍，冯华老师几乎是拿着初稿走访了每个班级，与各班班主任和学生细致沟通，在寻找到这个年级的共性之后，再字斟句酌地进行修改，最终才拿出了让全年级大为触动的代表作。

起初，钟林娟想不明白为什么师傅如此在意这件小事，但在参与创作和修改的过程中耳濡目染，她才体会到了冯华身上的"工匠之心"。"不断精进、不断超越、不断思考，不放弃对任何小事的执着追求，这是我在广益体会最深的教师品格。"钟林娟说，虽然不久自己就将"出师"，但对于自己的定位仍是不断超越，她已经将工作的前八年定位为"超越期"，希望在这个阶段里不断超越自己，用每一件专业发展上的小事，来武装自己，磨砺出一颗平静而不乏永恒追求的"师者匠心"。

涵养师风　在文化转型里孕育"人师情怀"

如果说锤炼师能是每位广益之师工作初期的必经之路，那么让教育更具温度，让教师更具情怀，就是百年广益赋予老师们的进阶使命。

"当前，我们都在呼唤教育家办学，进一步思考，这并不是靠顶层设计就能完成的，它更需要老师们都有一颗教育家的'心脏'，具备教育家的情怀。"在副校长周星看来，要培养什么样的老师，首先需要定义出学校处于什么样的发展阶段，教育是功在千秋的事业，百年广益正值青年成长状态，它需要的是一个乐于奉献、执着实干，追求教育真谛，有着共同奋进目标的教师团队。

年级教师会

"到了这个层面，就不是单单依靠各类专业培训和提升业务能力就能解决的了，更需要一种文化上的转型来实现，需要一种思想上的引领，让老师们的价值观得到升华。"周星介绍，学校一方面采取"走出去、引进来"方式，派出学校优秀教师参加各种高端培训学习，请专家教授到学校具体指导。

从新课改伊始，广益中学就聘请了原中央教科所研究员、博士后工作站导师华国栋作为学校的顾问，并邀请了多位知名专家每年定期到学校针对课堂教学改革进行培训和指导。

华国栋曾评价："为广益担任顾问的这几年，听了不少课，能够很

教学目标叙写专题讲座

深刻地感觉到教师们的进步和课堂教学水平的提高，让我很有感触的是他们不怕出丑的精神。"在他的印象中，这里的老师除了献出精品课、优质课和普通课以外，还把差评课也拿出来让专家看，把问题及时呈现出来，专家再给予正确的指导，这种方式能够更有效地帮助他们发现错误和不足，最终在专家的引领下实现提升。

事实上，借专家之力还不止于此，近几年广益在开展培训、教研和教学时都积极与专家"搭线"，让专家也参与进来。与此同时，学校还大刀阔斧地进行着学习型组织的建设，依托教研组和备课组，围绕"主题教研"，提升教师业务能力；通过"骨干教师工作坊"，引领学科骨干教师发展。

除此之外，广益中学充分鼓励教师开展研究工作，申报市、区级课题，以课题研究促进自己的专业成长，并将教师在教育教学中的反思和心得提炼成论文，并发表和出版。

谈起这些由内到外的素质提升方式，从教4年的生物老师唐丽总是感慨："教书育人，其实育人比教书更加重要！"去年，她在参加重庆市优质课大赛中，用手机APP作为导入，用"数码化妆"的方式诠释了细胞衰老的全过程。当同学们从屏幕中看到自己的"老年时代"时，那种五味杂陈的表情，似乎也道出了"光阴似箭，珍惜当下"的心声。

唐丽说："那堂课很成功，离不开整个生物学科组的细心打磨，也离不开名师工作室的专家指导，而我也很感谢自己在工作中的点滴积

章显林校长做师德师能培训

累。"虽然生物是一门理科学科，但她也希望在其中适当引入德育教育和生命教育的元素。为此，她在平日里也常常去听语文、政治、历史等文史学科的优秀课程，从中寻找能够融合的交点。

这样的老师，这样的事例，在广益还有很多。在章显林的眼里，这是广益中学的师风体现，心齐、气顺、风正、劲足，而后积跬致远；这是一种从客观需求到自主追求的教师文化转型，更是一种符合当代教育发展规律的"人师情怀"体现。

凝铸师魂　在历经平凡后洞察"师道人心"

教师，是阳光下最光辉的职业，他们在事无巨细中历练能力，在教化育人中磨砺风骨，这个平凡而伟大的职业也必将在历经平凡之后，洞察到这个时代的"师道人心"。

已经在教育道路上行走了20年的黄祖清老师如今仍然坚守在历史教学的第一线，不同于年轻老师的是，他更加看重学生们透过历史学科、透过学校教育，能够积淀下哪些受用终身的文化与思想。

为了赋予历史学科更大的育人功能，也为了让广益学子了解到更多本土历史，黄祖清从2010年开始就将一部分精力投入到了综合实践课程的开发和实践中。他联系重庆文物研究院、三峡博物馆，建立长效机制的馆校合作；带领学生走访法国水师兵营旧址、实地考察涂山窑遗迹、探究黄桷垭老街改造方案、发掘南山植物园自然美……一系列的校内外游学活动与小课题研究，不仅让历史成为孩子们触手可及的"实体文

北京大学文博学院与广益中学签订基地建设协议

化"，也让他们在行学不止中，培养起了这个学科的综合素养。

在学校，黄祖清还担任了学生考古社团的指导老师。他认为，如果仅仅是把历史课"搬到校外"，而没有发挥出孩子的主观能动性，那还是忽视了学生的主体地位。考古社团活动是针对学生的多元兴趣需求应时而生的，尊重学生的个性发展，让学生能够主动去发现问题，开发潜力，从书本走向自然界，虽然时间不增不减，但学生却看得更多，走得更远、在这过程中自己得到的知识一定是刻骨铭心的。

黄祖清说，老师的使命和担当不仅在于站稳三尺讲台，更在于为学生的终身发展恪尽职守、不断思考、不断实践，这是教育者的光荣与梦想，也是他所理解的"师道人心"。

广益中学与学校周边社区签订实践基地协议

纵观广益中学百年历史，一代代广益人都有永不服输的意志和决心，学校有最辉煌的时候，也有办不下去的时候，从私立到公立、从一般高中到联招学校、从联招学校到重点中学，每一步都艰辛而曲折，这是百年历史传承并不断发扬光大的可贵精神。

章显林感言，广益中学能有今天的成就，都是一代代广益教师干出来的。记得学校还不是联招学校的时候，学校高考连上重本的人都没有，2007年广益创重后，高考重本上线人数几乎还是个位数。后来用了10年时间，学校重本上线人数突破400大关，还在今年改写了71年来无人考上清华的历史。这是团队的力量，是每位教师的实干推动着这所百年学校不断前行，促进教育质量的不断提高，紧密团结的师心，自强不息的实干，是当代广益凝聚起的师魂，更是学校屹立百年的精神所在。

|案例二|

关于后备干部库的建设与选拔

为进一步优化学校管理者队伍结构，完善干部培养选拔机制，及早选苗、跟踪培养，为学校的持续发展储备优秀管理人才，并逐步形成合理的管理梯队。

一、工作原则

（一）坚持自愿原则，实行自主申报；

（二）开展演讲测评，注重德才兼备；

（三）实行民主集中，结果公开公示。

二、工作目标

为适应新形势下学校发展的需要，储备德才兼备的干部人才，通过多岗锻炼，成为符合和适应学校发展的管理干部。

三、选拔条件

后备干部库人选应当同时满足以下条件：

（一）热爱党的教育事业，具有先进的教育理念和改革创新精神，教育教学实践优秀，师德师风好。

（二）对学校教育教学、党务和政务等管理工作充满热情，有"政治意识、大局意识、核心意识和看齐意识"，敢于担当，乐于奉献。

（三）学历：本科及以上学历。

（四）年龄：不超过45岁，身心健康。

（五）工作经历：本校在编在岗在职工作3年以上，担任过"年级主任、教研组长、备课组长、班主任、工会小组长、工会委员、党支部委员、党小组长、相关处室管理工作"等管理职务之一者均可。

（六）有下列情形之一者不得报考：

1. 受过司法机关刑事处罚的，或是正在接受司法机关立案侦查或纪检监察机关立案审查的；

2．近3年年度考核有基本合格、不合格情况的；

3．其他不适宜担任后备干部情况的。

四、选拔程序

（一）自愿报名，填写申请表。根据选拔条件自愿报名，填报《重庆市广益中学校后备干部库申请表》，以下简称《申请表》。

（二）学校审查，公布拟选人员。经学校审查，确定拟参加选拔人员名单，并予以公示。

（三）民主测评，拟参加选拔人员将在全校教职工大会上进行演讲，演讲时间3—5分钟，并通过全校投票，当选者票数不得低于有效票数的1/2。

（四）审定公示，学校根据被考察人选的综合考察情况，经学校党委会研究，并及时公示。

| 案例三 |

齐家治校，心齐劲足向远方

如同任何一个组织一样，一所优质的学校在长期的发展过程中，总是离不开一套优质的管理体系作为支撑与保障。从某种意义上来说，管理的目的归根结底就是在规范化运行机制中，让每个人都能发挥出最大的价值。

这其中固然有规范制度的"记分牌"，也有情感激励的"助推剂"，但最不可或缺的则是一种"万众归心"的文化洗礼。正所谓三流管理讲制度、二流管理讲故事、一流管理讲文化，历经128年的岁月洗礼，重庆广益中学在当下的跨越式发展中，已然将经验与制度潜移默化地融入进了校园文化，形成了以人为本、人文并举的人本主义文化管理模式。

学校领导及行政班子

　　从解决教师一日三餐，到发起师生集体锻炼；从开展集体心理团辅，到权力下放，让每个人都能实现"价值最大化"……广益中学正在从每个人的身心成长实际需求出发，以管理文化的效能，追求着学校发展和个人突破的有机结合，以人本至上的情怀，塑造着每个"广益人"的人文精神，激发着每个个体的创新、创造能力。

条块自主　营造"齐家风范"

　　名校之特，根在文化。以文化作为统领师生身心发展的核心内驱力，是学校管理的最高境界，它如同一只看不见的手，掌控着学校发展前行的方向；它是传承学校精神的DNA，维系着学校可持续发展的命脉。

　　"治校如修渠，疏、导、缓、堵缺一不可，人心齐了，事情就顺了，自然也会'水到渠成'。"谈起身在广益的"治校经"，校长章显林一如初到学校时的和风细雨。在他看来，学校之所以在近十年内能够实现跨越式发展，其核心因素之一就是对管理职权重新地进行了整合与划分。

　　组织管理"一言堂"的时代早已过去，随之而来的是精细化、扁平化、人性化的组织架构建设。"管理该怎么做，我们理当首先对'学校'进行再定义。"在章显林的心目中，广益应是师生实现生命意义的地方，展示才华的场所，追求幸福的家园。既为家园，校长便要像"家族长老"一样，知人善任、因材而用，在培养师生爱校如家的品质基础上，给予他们相应的权利和义务，将"修身、齐家、治校"的使命感植入每个人心中。

"让文化扛起管理的大旗，对于学校而言，建立学习型组织是必不可少的。"章显林坦言，随着扁平化机制成为现代管理"主旋律"，广益也在近年来实施了"条块自主"的一系列改革措施。

在年级自主管理方面，由年级组长牵头，形成德育与教学统一的教育监管体系。在学科自主上，树立教学以学科为中心的观念，形成以教研组长、学科带头人为核心的教学管理体系。在学生自主中，强调自律自制观念，建构以德育为首位的学生发展体系。三大体系协同运作，加之学校整体的文化引领及各部门的支持协调，便组成了当代广益的长效管理模式。

"要想培养起'齐家意识'，让老师们爱校如家，校长除了要善于分权，更要善于'搭台'，让老师'唱戏'，赋予他们更多责任。"章显林介绍，广益中学在用人选才方面，会先给予平台进行历练，发现教师优势劣势，扬长避短。任命中层干部，将从教师岗位遴选，担任年级组长、教研组长、备课组长和班主任等工作，通过自主申报、教职工大会投票、校务委员会讨论通过，再作为部门助理进行考察，合格者提拔为副主任等职务。

学校给予一线教师充分的权利，如外语特色班办学方面，张群老师就全权负责外语特色班的教育教学管理；青年教师培养方面，由刘龙慧老师整体把控……一系列的平台在赋予老师综合成长的基础上，也增强了他们责任担当的主体意识，而这绝非是传统意义上"教师"一职所具备的。

近年来，广益中学不断打造校园文化、教学文化、课程文化等相关内涵，这绝不是一种摆设和形式，而是以文化为引领，通过具体的形式影响学校师生的行为和行动。文化管理重在文化的浸润和汲取，名校友墙上的峥嵘，为孩子们内心灌注着榜样的力量；名师墙上的辉煌，也为广益之师树立着"高山仰止，景行行止"的信仰。

锚定支点　谋求"整体跃进"

"扁平化管理带来的不只是管理权限的下放，更让我们的老师明白了应该做什么、应该怎样去做。"已经连续7年担任年级组长的王建谈起学校的管理文化，感触良多。他介绍，学校已经将高中三年教育过程进行了分布式规划，其中高一阶段主抓行为习惯的培养，高二就将重心转向了文化知识的积累和巩固，高三则是综合能力整体提升的关键时期。

值得一提的是，这三个阶段并不是彼此独立，而是一种互有交集、相互融合的"不断代协作"。如此一来，对于年级组长这一中层管理者就提出了更高的要求。"我们必须把控好教育教学的节奏，将每个阶段的教育目标梳理清楚，有的放矢地让老师和学生具体执行。"

在王建看来，年级组长不仅要具备落实学校既定目标的能力，更要在上传下达、上行下效的过程中，不断激发老师们的工作热情和发展意愿，而这也是中层管理的魅力所在。

"把握节奏、抓住重心、寻求支点"是王建常常挂在嘴边的"管理心法"，将高中三年总体规划化整为零，大目标、大课题分解到每一学

行政会

期，小目标、小实践分摊到每一学月甚至每个星期。

"学习习惯培养、学习方法梳理、文化内涵积淀、德育活动开展，加上班主任工作、日常教学工作，我们的工作其实很繁重，也很琐碎。"谈到自己的工作内容，王建感叹，事无巨细，总能感受到团队心往一处想、劲往一处使，能看到老师和学生都在追求发展与进步，这便是对于辛苦最大的宽慰。

善于寻求支点，做到牵一发而动全身是王建在年级管理中的一大特点。去年担任高三年级组长时，他曾预见到一个"学习低迷期"的来临，并运用一次家校共育的活动顺利破解了潜在危机。

"学生到了高三，进入了枯燥而紧张的复习阶段，对于他们的情绪和意志都是一种'煎熬'，他们的苦，我们老师是清楚的。怕就怕孩子们因为一两次打击就崩溃了，出现自暴自弃的现象，让负面情绪影响更多学生。"苗头刚一出现，王建便极为重视，在与班主任团队多次磋商之后，他决定召开一次特殊的"年级家庭聚会"。

学校召开"核心素养"专题研讨会

十月初秋，王建和各班班主任秘密联系了每位家长，邀请他们来校参加学习激励晚会。他们利用一个周末傍晚，在操场上铺好红毯，为高三进步显著和刻苦努力的孩子们逐一进行颁奖。获奖名单宣读完毕，

"神秘嘉宾"们也逐一走进孩子们的队伍中，父母和子女相拥而泣，热烈拥抱，再携手登台领奖。而为他们颁奖的，也是高三家委会的家长代表。

那个场面王建至今印象深刻，他说："我们从父母们的眼里看到了欣慰和理解，也从孩子们的脸上读到了坚毅和执着。"那天过后，整个年级的负面情绪一下子烟消云散，王建知道，这个支点找对了。

其实，刚开始策划活动时，有的科任老师也在担心这样做会不会让孩子们陷入"怯懦"的境地，适得其反。但王建认为，非常时刻就该用非常的方法，高三最紧张的时候，学生不只需要老师的关注，更需要家庭的温暖和支持。

事实证明，这不仅让孩子们的斗志越发强烈，同时也给老师们带来了内心的触动，他们的责任感与使命感在那个瞬间也受到更为深刻的"催化作用"。

班主任工作会

"人总是需要被感动、被激励的，无论是老师还是学生，当意识到本职工作的重要性，等同于生命的重量的时候，他们便会对自我发展产生敬畏。"王建说，找准"人性的支点"，师生便能形成合力，实现整体超越与突破。

张弛有度　助推"人人有为"

如果说年级自主管理撑起了百年广益的当代"神经架构"，那以班级为主导的学生自主管理就是整套系统中的"神经突触"，而班主任作为学校教育教学中的"最小管理者"，他们最大的作用就是让每一个"突触"都更具活力。

谈及学生管理，有着20年班主任经验的龙志菊老师给出了"尊重"与"耐心"两大关键词，尊重是教育的前提，而耐心则是教师职业的必备素养。为了让孩子们积极主动地面对学习生活、参与综合实践，她总是以"可变"的管理态度予以应对。

"班主任工作首在育人，其次才是知识传达。"观察到孩子们偶有松懈，龙志菊会进行理性施压："你们这次考试不理想，好多基础题错得莫名其妙，这是'不可饶恕'的错误！"哪怕是总体成绩还不错，龙志菊还是会适当"吹毛求疵"。在她看来，这是一种警醒，让那些粗心大意的学生保持严谨、重视细节。

有时候考试题目太难，班级成绩普遍不理想时，她也会善意地"撒谎"，把模拟分数线适当放宽，这样一来就会有更多学生达到目标。"我不是故意欺骗他们，当你看到他们刻苦复习后，得到的分数还是不如意时，那种失落的表情很真切，直戳心底。"龙志菊说，她这样做是为了让部分徘徊在理想分数线的学生获得自信，点燃他们奋发向上的希望之火。

如同龙志菊这样的班主任，在广益还有很多。他们总是想尽一切方式让孩子们在行学之中，练就更好的自我。深夜查寝回家后，他们仍不忘在家校微信群里分享励志好文，与家长共商育人之法；课间午休，他们也免不了再次巡视教室，或是单独约谈，或是小团体交流，对于学生的任何问题，他们都了然于胸。

近年来，广益中学还逐渐形成了"班主任、科任老师联系会"的长效互通机制，每次考试过后，班主任就会牵头，召集全体科任老师分析成绩，重新确定学情与对策，针对每个孩子的优势与劣势，制订点对点的个人提升计划。

不放弃任何一个学生，尊重个体差异，发挥个体潜能，这已经成为"广益人"的共识。学校以文化为管理的根基，最大限度地激发个体才能，提供个体展示才能的舞台，学生会、校团委、体艺节、志愿者团队都是孩子们尽情翱翔的"天空"；遵循着人尽其才、人尽其用、有才有用的培养思路，进行绘画、音乐、体育、科技等方面的专项培训，也最大限度地成就每位学生，让他们心齐劲足，不断登高行远。

第六篇　学行教育实践（四）：学行教学

教学是课程育人的重要途径，是师生结合、学校与家庭结合、学生与学生结合的活动方式。现代教育离不开教学文化的建设，教学文化已经成为师生教学实践赖以展开的前提、背景，它营造了教学主体与环境之间的关系，也反映了教学情境中时代变迁与教学者和学习者的关系。传统的教学主要是班级教学或者说是课堂授课式的教学；而现代的教学，不仅有班级授课式教学，而且有网络教学、个别教学、差异教学等。现代的教学要求以学生为主体，学习为主线，学法为主导；现代的教学是真正实现以学定教、先学后教，互动式、网络化、个性化、生活化的教学。

一、现代教学及学行教学

1. 现代教学

教学是教师有目的、有计划、有组织地引导学生学习和掌握文化科学知识和技能，促进学生素质提高，使他们成为社会所需要的人的活动。教学的目的性在于教学根据培养学生的德、智、体、美、劳等多方面的素质要求，促进学生的全面发展与个性化发展；教学的计划性在于教学需要有教学设计、课堂教学的组织活动开展方式、教学技术的掌握与运用、教学评价的具体要求等方面的科学安排；教学的组织性体现在教学过程中运用组织学的原理与方法，并采用群体与个体活动组织的不同管理途径。

现代教学是以现代教学理念、现代教学原理与方法以及具现代教学技术运用、现代教学质量评价管理为主要要求所开展的各种教学活动的总称。现代教学有别于传统教学的核心是教学以"学"为主体，倡导以学生自主、合作、探究性学习为主的学习方式，推崇网络化教学、个性化教学、小组学习探究教学、社会实践活动式教学等先进的教学模式，变单一的课堂教学为多样化、互联网、生活化、个性化的教学活动，体现"要我学"变为"我要学"、"教会行"变为"我能行"的教学改变。学行教学在传承与创新中，发展成"基于学情的引导式自主学习"和"无学不导、以学定导、有学会导"的"以学导学"的学导教学文化，浸润和影响着学校的教学实践。

　　——现代教学理念。教学理念是对各种教学关系的认识与理解，并对教学活动开展起着教育思想和教学行为关键影响作用的教学认识及教学理解。现代教学理念，是指在现代教学活动设计、组织、评价等过程中，起着教育思想和教学行为关键影响作用的教学认识和教学理解。有研究者把现代教学理念归为了十个方面：以人为本的理念、全面发展的理念、素质教育的理念、创造性理念、主体性理念、个性化理念、开放性理念、多样化理念、生态和谐理念、系统性理念。学行教学坚定"面向全体，关注差异，异步发展"的教学理念，从教学细节上着力，与时俱进，重视融合和拓展，理解教学并身体力行之。

　　——现代教学原理。教学原理是关于教学活动组织与实施的原理，是教学理论对于教学活动的指导思想与方法。现代教学理论有三种典型的理论：有效教学理论、结构教学理论、范例教学理论，因此现代教学原理也可以主要划分为三种教学原理：有效教学原理、过程教学原理、个性化教学原理。有效教学原理在于提高教学活动的有效性，让课堂教学、课外社会实践活动、家校共教活动等成为有效或高效的培养人的活动；过程教学原理在于通过实践体验、阅读与思考、方法的掌握与运用等，让知识与能力、情感态度价值观得到内化与外行，转变成为人的综合素质；个性化教学原理在于重视个性差异，重视特色彰显，重视教学的个别需求，以呈现教学不同艺术的教学活动组织与实施。学行教学中的英语学科教学，一直是广益中学学科教学中的优势，占据"明星地位"，学科实力与教学成果均在区域内同等学校中名列前茅。对于其中的原理，绝大多数英语教师认为："英语语言学科不同于数理化，它其中蕴藏的素养主要体现在文化底蕴、思想品质、道德情操这类的'隐性内涵'中，这不是在短时间内就能建立起的框架体系。"

——现代教学技术。教学技术是教师在教学过程中掌握和运用的教学技能和教学方法，它以对人的学习和传播的研究为基础，综合运用人力、物力资源，以达到更有效的教学目的。教学技术以对教与学的过程的设计、实施和评价为研究内容，服务于教学目的的有效实现。在广益中学教学中，语文老师李晓翠的课堂内容充实饱满、五彩缤纷，从不拘泥于课本，而是从教材文本拓展到古今中外，用重视教学细节的方式提升学生的语文素养和知识储备；数学老师袁治华会在课堂上演示多种多样的精妙解题方法，将知识细节剖析得淋漓尽致，时常举一反三，拓展其他考点，让孩子们学会自主学习。随着互联网+教育技术的到来，现代教学技术主要是掌握将现代科学技术应用于教学的技能与方法，如电影、录像、互联网等科学技术在教师教学活动中的掌握运用。有专家界定现代教学技术是：用系统的方式对教学系统组成部分（包括信息、人员、材料、设备、技术和环境）的开发（包括研究、设计、制作、支持、供给和利用）以及对开发的管理（包括组织和人员）。广益中学将信息技术下的高中教学改革纳入规划，建立学校、教师、学生和家长的教育教学信息交互分层平台，方便资料检索和自我评价，增强多方沟通效率；推行"信息两通两平台"计划（课程资源班班通和网络空间人人通，质量评价和教育数字化管理平台）；引入第三方教育数字化资源；推行教师提供资料、学生分享"粉丝积分"、学校和第三方"打赏""催促更新"等措施激励，推进教师、学生参与数字资源积累更新。

——现代教学评价。教学评价是依据教学目标对教学过程及结果进行价值判断并为教学决策服务的活动，是对教学活动中现实的或潜在的价值做出判断的过程。教学评价包括对教学过程中教师、学生、教学内容、教学方法手段、教学环境、教学管理诸因素的评价，有两个核心环节：对教师教学工作（教学设计、组织、实施等）的评价和对学生学习效果的评价。教学评价的方法主要有：测验、征答、观察提问、作业检查、听课和评课等。现代教学评价是一种多元评价、动态评价、多样化评价，体现在评价主体多元、评价内容多面、评价手段多样，其优点在于能真实地评价学生的潜能和学习成就，真正把学习过程与评价过程结合在一起，为学生的发展提供全方位信息，有利于调动学生学习的主动性与积极性。学行教学在教学评价上重点探索学生课堂学习评价机制，运用动态增量评价，探索生生评价、小组评价、师生评价的当堂评价机制。

2. 学行教学

学行教学是在学行教育理念"增广学行，益国利民"的总体指导下，以"差异教学理论和最近发展区理论"为依据，以"面向全体、关注差异、异步发展"为课堂教学理念，以"以学导学"为课堂教学模式，以《学与导》教学设计为载体，以"三环九步"为操作流程，探索以学情为起点的引导式自主学习，以此达到每节课、每个学生不同层次的提高和最大限度发展的教学。强化集体备课，充分理解新课程理念，解读课标要求，准确理解教材编写意图，结合学生发展需要，恰当地选择教学素材，科学设计学案和导案，完成各学科《学与导》的编写。

学行教学最重要的教学目标是：立足学生的最近发展区，认真领会课程标准，贯彻落实课程教学目标，把教学目标定位在学生的需要上，着力培养学生的学习能力、实践能力和创新能力。具体落实到学科教学要求上，表现为有学有行的教学目标：有学——掌握必备的基础知识和基本技能，不断提升人文素养、科学素养和信息素养；有行——具有坚定的信念和良好的品行，胸怀祖国，放眼天下；敢于质疑、善于反思、勇于探索，具有较强的创新精神与实践能力，知行合一，学至于行。

——学行教学理念。学行教学理念是"面向全体、关注差异、异步发展"。"面向全体"是指面向在校学习的全体学生，在素质教育两个全面的指导下，教学整体上要针对全体学生的身心发展，要以学生为本、以学生的学习为本。"关注差异"是指教学要重视学生的个性差异进行因材施教，对于有不同学习基础和学习能力的学生，要有分层教学与不同学习进步的评价对策。"异步发展"是指教学促进学生的发展本身是一种差异发展与个体发展，要结合学科教学的不同教学活动的组织，以学导学，满足不同学生差异发展和个体发展的需要。学行教学的核心理念是自主发展，改变教学方式，促进学生自主学习和掌握学习的方法与技能，培养终身学习的好习惯。

——学行教学理论。学行教学理论主要落实到四大教学原理上，即差异教学的理论原理、最近发展区的理论原理、知行合一的理论原理和教学策略的理论原理。

（1）差异教学的理论原理。差异教学理论认为，在班集体教学中，不仅要关注学生的共性而且要关注学生的个性差异，并且在教学中将共性和个性辩证统一起来；我们不仅要关注学生个体间的差异，还要关注学生个体内的差异，从而促进学生优势潜能的开发；强调满足不同学生的学习需要，但不是消极适应，而是从个体情况出发，引导学生学会学习，从而促进他们发展；教师要转变观念，教学中给每个学生均等的学习机会，将学生的差异作为资源来开发，全方位地建构面向全体关注差异的教学策略方法体系。《差异教学论》的作者华国栋教授认为"差异教学是指在班集体教学中立足学生差异，满足学生个别的需要，以促进学生在原有基础上得到充分发展的教学"。学行教学首先是一种差异教学，是在班集体教学中立足于学生个性的差异，满足学生个别学习的需要，以促进每个学生在原有基础上得到充分发展的教学。

（2）最近发展区的理论原理。苏联教育家维果茨基认为学生的发展有两种水平：一种是学生的现有水平（独立活动时所能达到的解决问题的水平），另一种是学生可能的发展水平（通过教学所获得的潜力开发水平）。两种水平之间的差异就是学生发展的最近发展区，最近发展区理论主张教学应着眼于学生的最近发展区，要为学生提供带有难度的内容，调动学生的积极性，以开发激励学生的学习潜能，超越其最近发展区而达到下一发展阶段的水平。最近发展区教学需要根据学生的学行发展水平而组织好教学，从专业角度来讲，学行教育的有效教学，就是把学生的最近发展区转化为现有发展区的教学。

（3）知行合一的理论原理。"知行合一"是中国古代的教育思想，强调"知中有行，行中有知，以知为行，知决定行"。"知"是认知与思想认识，主要是指人的道德意识和思想意念；"行"是行为和实践，主要指人的道德践履和实际行动；知行合一就是把自己的知识与行为结合起来，把理论与实践结合起来，把思想与行动结合起来。学行教学是一种知行合一的教学，重视教学的"有学有行，以学定教，以学导学，学教合一"。知行合一特别重视引导学生的自主学习，主张让学生自己对学习做出独立的选择和决策，自己对个体的学习进行有效的自我管理或自我调控，其要素有：第一，确定学习目标；第二，制订学习计划，比如学习内容、进度和时间安排等；第三，选择合适有效的学习策略或方法；第四，监控学习过程；第五，评价学习效果。

（4）教学策略的理论原理。主张提高教学质量需要有效的教学策略，而教学策略是实施教学过程的教学思想、方法模式、技术手段这三方面动因最优化框架式的集成，是教学思维对其三方面动因进行思维策略加工而形成的方法模式。从新的教学思想角度看，在新课程改革的背景下，学行教学的教师应该运用新的教学策略，如以下的教学策略：

教学策略	主要内容
主动参与教学策略	学生在教师的激励、引导下，主动积极地置身于教学活动中以掌握知识、发展能力的教学策略。
"探究—发现"教学策略	学生在教师的引导下，通过对事物现象的探索研究，获得该事物现象的本质及关于现象间规律性联系的知识，发展智力能力，特别是抽象逻辑思维的教学策略。
合作学习教学策略	是以小组为教学活动的基本单位，通过小组内成员分工协作去达成小组共同目标，并以小组活动的整体效果为教学评价的主要指标的教学策略。
联系生活教学策略	是通过教学活动直接或间接地反映生活或通过对生活的模拟以实现学生知识技能的有效掌握、智力能力的培养和个性发展的策略。

　　——学行教学模式。教学模式是在一定教学思想或教学理论指导下建立起来的较为稳定的教学活动结构框架和活动程序，教学模式是一定的教学理论或教学思想的反映，是一定理论指导下的教学行为规范。学行教学的教学模式是基于"面向全体、关注差异、异步发展"的教学理念，在差异教学、知行合一教学理论指导下，以学导模式探索为主题，通过反复实践，找出学科共性和个性，推行"自主、合作、探究"的学习方式，形成适合不同层面学生需求、具有高效课堂教学的教学模式，简称为"以学导学"课堂教学模式。"学"包含"自学、合学、拓学"三层意思；"导"包含指导、引导、辅导三层意思。"学导"体现的是根据学的情况来决定导的情况，重心是学生的学，强调以学生为主体；"导学"是体现以教师为中心引导学生学习，重心是教师的导，强调以教师为主体。具体分为"三环九步"的操作流程（见下图）：

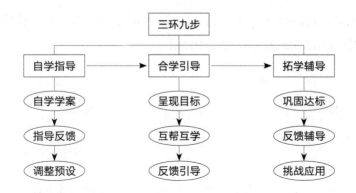

——学行教学评价。教学评价是依据教学目标对教学过程及结果进行价值判断并为教学决策服务的活动，是对教学活动现实的或潜在的价值做出判断的过程。教学评价一般包括对教学过程中教师、学生、教学内容、教学方法手段、教学环境、教学管理诸因素的评价，评价的方法主要有量化评价和质性评价。学行教学评价从教学预设、教学目标、教学内容、教学方式、学习方式和教学评价六个维度，探索课堂评价指标体系，建立动态增量评价、学分评价、探索性评价、小组评价、师生评价等评价机制，其目的是追求课堂教学的高效性和师生的共同发展进步。

——"五化三段"动态增量评价策略。"五化"是指：备课精细化、评价学生化、课堂开放化、常规规范化、目标具体化。"三段"动态增量评价是指：从三个层面为出发点，以三个维度为落脚点，形成评价课堂教学有效性的"三段"动态评价策略。具体来说，三个层面是指：基础评价——根据学生情况、班级情况、年级整体情况，甚至结合市区情况，给予基本定位；目标评价——在基础评价基础上，确立发展目标，结合评价监督手段（过程），评估课堂教学目标达成的有效性；发展评价——在目标评价基础上，根据目标达成度，确立新的发展目标，根据确立的新目标达成度，形成新的基础目标，进入新的基础评价。三个维度是指：①有效果：指对教学活动结果与教学目标吻合程度的评价；②有效率：教学效率=教学产出（效果）／教学投入=有效教学时间／实际教学时间×100%；③有效益：指教学收益，教学活动的价值实现。如下图所示：

"五化三段"评价策略既重过程也重结果，是综合动态评价，是发展性评价，是增量评价，而不是终极性评价。主要采取的办法有：分块综合法、分值加减法、三段升级法等。

——"五位一体"的自主学习评价策略。"以学导学"的自主学习操作评价，归纳起来就是"14311"架构，具体来说就是"一个课堂理念、四个支撑理论、三个操作环节、一个实施载体、一个课堂评价"。见下图：

——学行教学管理。教学管理是运用管理科学和教学论的原理与方法，充分发挥计划、组织、协调、控制等管理职能，对教学过程各要素加以统筹，使之有序运行，提高效能的过程。教学管理涉及教学计划管理、教学组织管理、教学质量管理等基本环节。学行教学管理重视科学管理，设置学科主任管理，把教学方法变革项目、教学技术改进项目、教学组织建构项目作为教学管理的科学管理项目，强化教学管理，规范教与学的时间分配，严格规定学科课时，保证学生的自主学习时间；细化教学准备、课堂教学、教后辅导诸环节的管理，完善学生自主学习时间内的辅导制度；发挥教学日志的重要作用；加强教学督导组的督导，特别是新课改学分管理以及评价和认定，合理运用学分管理手段，促进学生学习态度的转变，引导学生全面发展、特长发展和自主发展。

（1）教学方法变革项目。倡导启发式、讨论式、情景式、问题式以及协作互动式教学方法，个性化地开展教师教学方法变革。如"1454"校本研修指导策略，"1454"指：一个课堂理念、四个课堂原则、五种课堂技能、四个课堂要素，力求达到精、实、活、美的课堂境界（见下图）：

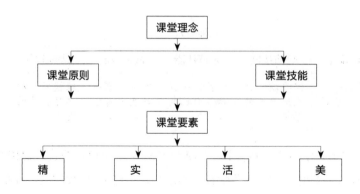

（2）教学技术改进项目。充分利用信息技术平台及现代化教学手段，推进学校教学技术改进与更新。结合现有现代化教学设施，充分发挥互联网的作用，推进课程资源共享，使教学研究信息化发展。如遵循四个课堂原则和提高的教学五种能力（见下表）：

四个课堂原则

有效性原则	以生为本的原则	以情施教的原则	直观教学原则
学生的参与必须是有效的。教学的整体设计与具体实施必须是有效的。教师的教学行为必须是有效的。学习目标的达成度必须是有效的。	关注每一名学生，关注最后一名学生，关注特别需要关注的学生，关注学生的需求。学生学习的需求主要包括释疑的需求、参与的需求、学法的需求、成就与满足的需求。	即以情育情、以情感人、以情施教。教学设计应充分考虑师生情感交流的环节，教学内容要注意对情感的挖掘，教学语言应具有真诚的情感色彩。缺乏情感交流的教学活动一定是低效的甚至是无效的。	抽象问题具体化，复杂问题简单化，书本知识生活化。不仅要重视语言直观，还要运用实物直观与模象直观。应根据教材内容及教学实际，正确选择和合理运用多媒体技术、信息技术、直观教具及其他辅助教具教学，达到增容、增情、增效的效果。

五种能力

营销技能	导演技能	示范技能	演讲技能	表演技能
像营销一样推销自己的知识。	像导演一样表达自己的思想。	像技师一样示范自己的方法。	像演说家一样展现自己的才华。	像模特一样彰显自己的魅力。

（3）教学组织建构项目。完善学校教学组织形式的管理建构和规范任务，与时俱进，变革学校教学组织，推进学科建设发展，使之更有效地为学校教育提供高效服务。如集体备课，学校实行年级备课组长负责制，年级学科备课组长由学校下文任命，赋予职责与权利，学校规定一周有两个半天是集体备课时间，取缔有形无实的大众化教研，实行主题教研，要求教师做到"显思想轨迹、留修改痕迹、化成长轨迹"。思想轨迹强调以"学习设计"为中心进行精备；修改痕迹强调教师对共性教案必须根据本班情况，进行修改补充，达到共性与个性完美结合；化成长轨迹强调教师对精备教案的教前与教后研讨，使精备教案趋向细节化、精致化。

二、学行教学的几方面实践探索经验

1. 学行教学的教学设计探索

教学设计是根据课程标准的要求和教学对象的特点，将教学诸要素有序安排，确定合适的教学方案的设想和计划，一般包括教学目标、教学重难点、教学方法、教学步骤与时间分配等环节。学行教学的设计，重点落实到教师的备课上。学行教学备课实行备课组长负责制，要求教师做好每次备课情况记录，做到"三定""四备""五统

《重庆日报》报道广益中学"学导课堂"

一"，"三定"即定时间、定内容、定中心发言人；"四备"即备教材、备教法、备学生、备学法；"五统一"即同一个层次的教学班级要统一教学进度、统一教学目标、统一教学重点、统一作业练习、统一测验考试，在教学风格上倡导百家争鸣，各具特色。每学期备课组要依据本年级该学科的教育教学实际问题，进行提炼和聚焦，形成微型课题，以备课组为研究团队进行研究，以有效解决教学工作中的实际问题。教学设计上的改革创新提出了三个重要的改变：目标变——变"让学生学会"为"让学生会学"；方式变——变"知识灌输型课堂"为"能力培养型课堂"，教师少讲多问，学生多思多练；方法变——变"威逼利诱"和"空洞说教"，为给学生提供切实有效的学习方法。

学校高中语文组的老师们早在三年前就开始探索他们心中的"伟大事物"，在"整本阅读"的教学实践中，老师们让学生处在一个相对独立而完整的文学空间里，依照自身的兴趣、个性去理解、欣赏和

语文组教师探讨高考作文教学要点

创造。如今语文组开设了"中华典籍整本阅读"选修课，包括阅读《红楼梦》《三国演义》《老子》《人间词话》四门课。这样读经典的方式，不仅仅是一种简单的文学初识，也是一种思维的训练，因为

经典文本在语言上包含了民族精神、思维逻辑、价值取向和历史传承，这是语文课堂最缺乏却又最宝贵的内涵。

高中语文老师陈军上"语文整本阅读"示范课

2. 学行课堂教学过程探索

学行课堂教学过程探索"以学导学"课堂教学模式，即"学导课堂"。"学导课堂"以"面向全体、关注差异、异步发展"为理念，以"三环九步"为操作流程，以集学案和导案为一体的《学与导》为载体和实施条件，探索适合学生的教学目标。为加强教学准备的校本研修，团队研编了《学与导》，强化教学内容的针对性和实效性，促进教学方式和学习方式的转变，研究发展性教学评价策略，实施五大计划：师生学习共同体构建计划、校本课程与辅助课程活动推进计划、学导课堂校本实践提升计划、学导课堂开放计划、学导课堂教学评价建设计划。学校推行"学导案"，明确学习目标，突出教材重难点。学生利用"学导案"，采取课前自学答疑，形成问题单，教师根据这些问题单确立不同层次的最近发展区，把握"供求度"，从而确定课堂教学目标和课堂教学重难点。课中采取小组内讨论，小组间互帮，教师适时点评和提示，通过合作学习解决问题单——也就是最近发展区的问题，重点解决前面提到的二、三、四层次的最近发展区，从而完成课堂教学目标和课堂教学重难点，实现课堂教学的高效。课后巩固目标和反馈，及时弥补。"学导案"充分调动了学生的主观能动性，学习积极性，教师讲的少了，学生动的多了，体现了以学生为中心、教师为主导的新课程理念，极大地提高了教学目标完成的效率。

学导课堂聘请博士后导师华国栋为顾问，指导学导课堂建设，重点把"以学导学"作为课堂教学的核心，强调突出以"自学指导、合学引导、拓学辅导"的教学环节，以自编的《学与导》为载体，探索适合每一个学生的教学，实现每一堂课都让学生有不同层次的收获和发展。学导课堂的实践，强调的是"学导"而非"导学"，"学"即自主学习，包含了"自学、合学、拓学"三层意思；"导"则包含了"指导、引导、辅导"三层意思。由此，学校得出了"无学不导、以学定导、有学会导"的学导原则。数学论坛课上高二（1）班学生黄宏满通过PPT，用一道导数题引出课堂笔记的整理，并将自己的笔记本向同学们展示。他娟秀的字迹、工整的解题的步骤书写，让同学们学习到了笔记整理的重要性；高二（6）班学生邓静月通过设问的方式，列举出一连串数学差的原因，引出讲解主题"独立思考、动手实践"。她用自己的切身经历，道出了做好课前预习、课堂不走神对数学学习的重要性，通过具体的例题，分享了数学学习方法，从审题、多解、特殊解法到类比总结，耐心细致地向同学们展示了自己从一个数

高中语文老师程曦指导学生自学

学困难户脱贫致富的过程，达到"每日三省吾身"。

（1）"以学导学"的理解。"以学导学"指的是以学情为起点的引导式自主学习，而自主学习包含了"自学、合学、拓学"三层意思，自主形式有"个体自学、组内互学、师组共学、个体用学"。

（2）"以学导学"的载体。《学与导》是"以学导学"教学运行的重要载体，学案和导案是分开设计的，学案分四大板块并与模式对应，导案与学案对应，呈现学习方法，引导学生学习。

（3）"以学导学"的操作。"三环九步"是"以学导学"模式的操作流程。三环节是：自学指导环节—合学引导环节—拓学辅导环节。九步是：自学学案—指导反馈—调整预设—呈现目标—互帮互学—反馈引导—层层达标—反馈辅导—挑战应用。

3. 学行教学的教学评价探索

学校从创重开始，高度重视高中学科的学行教学评价探索，在总体上探索学生学分制管理的基础上，开展学生基础素质评价和学科模块学习评价、学业水平考试、综合实践活动等方面的探索。

——基础素质评价。基础素质评价主要是对学生的道德与公民素养、学习与创新能力、合作与交流、运动与健康、审美与表现等方面的素质评价。采用定性描述和等级评价相结合的方式进行，以学生主要行为表现的实证材料为依据，如：关键性作业作品、各类课程学习的阶段性或终结性考试或考查成绩、教育行政部门认可的表彰、获奖证明、自我描述等材料。

——学科模块学习评价。模块考核以满分100分计，成绩在60分以上（含60分）为及格，取得该门课程的学分，不及格者不能取得学分。其中语言与文学、数学、人文与社会、科学学习领域的学科模块的学分认定满分100分，含过程评价40分（出勤10分、课堂表现10分、作业10分、平时测验10分）和终结评价（模块测试）60分。技术、艺术、体育与健康领域的学科的学分认定根据学生平时出勤、参与程度、动手能力、掌握程度、基本素养和基本技能等方面的情况分过程性评价和终结性评价进行考核，过程评价和终结评价（模块测试）各50分。

——综合实践活动评价。学生综合实践活动主要指研究性学习、社会实践和社区服务等活动。其研究性学习学分认定共15学分，以课题评价形式认定，主要依据5个方面的（开题报告和学习方案，每次课题研究学习活动的记录，课题研究中所收集的材料，具体反映每一成员参与研究的感受及体会小结，课题研究学习论文、报告、解决问题的方案、多媒体课件等）评价给分，综合得分由学生自主评、研究小组互评、指导教师评价三部分组成，以3∶3∶4的比例计分。社会实践学分认定共6个学分，具体量化考核由指导老师根据学生的社会实践时间、内容、体会、效果和实践场所书面意见等进行认定。社区服务学分认定共2个学分，具体由指导教师根据服务时间、对象评价、自我鉴定、相关社区材料进行认定。

|案例一|

以学导学，着力细节的因材施教

在现代教育中，教学文化已经成为学校文化整体建构中的一个重要组成部分，它被视为是师生教学实践赖以展开的前提、背景。它营造了教学主体与环境之间的关系，也反映了教学情境中时代变迁与教学者和学习者的关系。由此可见，教学文化是一种显性与隐性的文化交融，其在传道、授业、解惑的同时，也传承、改造或创新了学校原本的文化基因。

走进重庆市广益中学，在感悟这所百年学校逐梦巴渝名校的气魄中，我们发现这所学校极富历史底蕴，在传承与创新中，发展成"基于学情的引导式自主学习"和"无学不导、以学定导、有学会导"的"以学导学"学导文化，浸润和影响着学校的教学实践。同时，坚定"细节决定成败"的教育信念，从教学细节上着力，与时俱进，进行融合和拓展，理解教学并身体力行。

英语课上仿写名句、翻译《何以笙箫默》；一次月考分析报告多达10页A4纸，让客观分数"开口说话"；高中三年学情数据库连续跟踪，帮助每个孩子精准定位……从一个学科到一个年级，再到全校上下的教学实践，百年广益正在让细节的力量绽放于学生学习的全周期。

把握细节　让学科素养与核心素养无缝衔接

一直以来，英语学科都在广益中学占据"明星地位"，学科实力与教学成果均在区域内同等学校中名列前茅。随着高中新课改的到来和重庆加入了全国统考，广益中学在英语学科的主题教研与教学创新上更是下足了功夫。尤其是在中国学生发展的核心素养被提出后，学校便以学科素养为切入点，牢牢把握教育教学中的细节，谋求学科素养与核心素养之间的无缝衔接。

"语言学科不同于数理化，其中蕴藏的素养主要体现在文化底蕴、思想品质、道德情操这类的'隐性内涵'中，这不是在短时间内就能建立起的框架体系。"谈到英语学科素养和这门学科的教学特点，高二英语老师王星一语道破。

在她看来，要让学生学好英语，并且通过这个学科获得更为开阔的国际视野，积累深厚的人文底蕴，必须要从细节入手，让每一个知识点成为学生发展的奠基石。平时上课，王星特别注重短语仿写和作文训练。相较于传统的记语法、背单词，她认为

王星老师上英语课

只有把这些"英语砖块"按照实际需求搭建成"英语大厦",才是综合能力的体现,而仿写就是在不断训练孩子们"搭建"的熟练度。

"任何一项技能,任何一项创新都不是无中生有,更不是一蹴而就的。"王星说,以核心素养中的人文底蕴来对应英语学科,那么反复的模仿写作就是在不断重复英语的实际使用,只有在长期的细节积累中,学生才会形成习惯,进而通过写作去倒逼英语阅读能力的提升,助推他们在英语语境中的应变能力、创新能力。

如何利用良好的师生关系提升教学质量?王星也有自己的诀窍,那就是与学生充分共情,寻找师生之间的共同兴奋点。讲到英语反应技巧时,她不会墨守成规地讲授教材范文,而是选取了许多学生都热捧的电视剧对白作为材料。《何以笙箫默》《北京青年》《中国合伙人》等影视作品都曾登上过她的讲台。

"Education is not the filling of a pail, but the lighting of a fire."王星看待教育的观点并不是要灌满一桶水,而是点燃一团生命的火焰。她善于将教学过程中的零星碎片有机整合,让每个细节都发挥出应有的价值。不断锤炼学科素养,才能助力核心素养养成,这是王星的真实感悟,也是广益教师们正在不懈尝试、不断实践的育人之法。

语文老师李晓翠的课堂内容充实饱满、五彩缤纷,她从不拘泥于课本,而是从教材文本拓展到古今中外,用细节提升学生的语文素养和知识储备;数学老师袁治华会在课堂上演示多种多样的精妙解题方法,将知识细节剖析得淋漓尽致,时常举一反三,拓展其他考点,让孩子们学会学习……

正如高二(6)班学生刘龙燚所评价,广益的每一位老师都是优秀的,他们看重

李晓翠老师在开放周活动上和家长探讨核心素养

课堂的效率和质量，每一堂课都以一种轻松、生动的方式将学生带入，他们善于把握细节，更善于在塑造学科素养的过程中，让核心素养落地生根。

解读细节　让数据分析与日常教学互为助推

对于细节的重视，提升了广益中学的整体教学质量，学校也在对细节的解读中，收获了来自学情反馈的核心价值——每一个数据波动都是孩子们的成长写照。

康维老师组织召开年级成绩分析会

自实施年级组长负责制以来，学校每个年级不仅进行了垂直化的德育教学一体化管理，还在学科自主、主题教研方面获得了全新的突破。每个学科、每位老师对于各自的教学节奏和成果反馈都进行了细致入微的梳理。

"每一次考试、每一次测验过后，我们都会进行精细化数据分析，力图做到让每一个数据都能'开口说话'。"作为年级组长和班主任，康维老师对于考试总结和数据分析一直都很看重，每次汇总考试成绩后，他都会写出将近10页A4纸的数据分析报告。在那上面，大到班级平均分、小到单科错题概率以及代表性试题学生失分率等数据都会相继呈现。老话说得好，分数是死的，能力是活的。如何让学生通过考试，磨炼出过硬的综合应试能力，进而让持续性进步成为一种常态？康维说，就是要让孩子们在这些数据分析中，看到自己的优势，找到自己的劣势，在持续培优的同时，紧抓薄弱环节。

"高中学习绝不是单纯的兴趣导向，要有必要的'功利心'，高考看的是总分最大化，就好比木桶效应，决定你水平的是那块短板！"康维介绍，尚未这样细致解读成绩、分析数据时，老师与学生和家长的交流更多是停留在"寒暄"上，来来回回也就是"努力学习、认真复习"这类的套话。如今，大家都是靠数据说话，哪个学生有什么问题，哪一门是他的弱势学科，哪些题型需要重点训练，老师们都能一击即中，这不仅让学生和家长更加信服，也让教育教学更具针对性。

学情分析是一项利于提升学校整体办学水平的工作，它需要每个班级、每位老师的积极参与。基于这样的考虑，康维率先在自己管理的

重庆市"卓越课堂"研讨会

年级开展了"数据分析班级展示活动"，只要各班班主任做完了成绩分析报告，就会在固定时间召开集会，每位班主任都要登台讲授本次考试中，自己班上的优势及问题所在。

"独乐乐不如众乐乐，我们就是要让老师们都重视对于细节的解

读。"康维表示，这样的展示活动不仅能为教学管理指明短期整改方向，对于中长期的目标确立也有较为充分的指导作用，透过一个个"活生生"的数字和百分比，老师们更加明白自己应该做什么，对于单个学生应该如何单独辅导。

高二（1）班的李杭娟在刚入学时，英语学科是"老大难"，无论是作业完成质量，还是考试成绩都不尽如人意。经过数据分析和解读，英语老师闵洁很快找到了她的短板——词汇量不够，语法点记忆弱。随后，闵洁帮她制定了学习计划，计划从课前预习到课堂笔记，到课后复习、课外积累面面俱到。

"良师在旁，可谓学习无忧。"按照老师的建议，李杭娟的英语成绩很快得到了提升。她说，广益中学的教师们有着清晰明朗的教学思路，"课内＋课外"的融合不仅为高考，更为同学们日后人生的发展。

发散细节　让评价机制与学生成长紧密联系

如今，广益中学已经将这样的精细化教学文化融入了学生成长的方方面面，老师们在开展新知识教学之前，首先会进行教学评价，以学生为主体，考察他们的学习状态、行为条件，从而初步制定教学目标，预期教学结果。

钱敬宗老师交流讲课

　　"同一老师带不同的班级，必须要根据学生的差异，制定不同的教学方式，给出适应不同学生群体的教学目标。"教导处副主任钱敬宗介绍，从预习学案、课堂板书、知识讲解深浅到课后复习规划、作业布置，老师们都会依据学生的实际情况做出调整。

　　越来越多的老师开始使用思维导图开展常态化教学，在此过程中，他们能捕捉到更多学生内心的情绪波动和知识吸收反馈。每次考试总结会过后，老师们都会在"家校联系本"上给予每个孩子单独的评价。

　　值得一提的是，这样的评价越来越趋近于"学生发展评估报告"，老师会综合当前阶段的教学目标和学生学习情况，向家长明确反馈孩子的优势所在和亟待改善的地方，同时基于学科数据分析，为家长提供极具针对性的家校共育建议。

　　"现在老师的评语绝不再是什么讲习惯、谈性格的'鸡汤文'，而是有一说一、实事求是的'SWOT分析报告'，我们要让家长也逐渐明确对孩子的未来发展定位。"钱敬宗表示，这项看似微小的转变，已经让越来越多的家长更加了解学校教育，也更加善于与孩子相处，从而形成了更为良好的家校互动关系。

　　为了让这种评价体系发挥出更大的效能，广益中学将高三阶段作为师生们的"练兵场"，高强度、针对性的训练不只发生在学生身上，同样也出现在老师的工作中。近年来，每位高三教师都会收集全国各地的

家长会

高考真题，并以"模拟考试"的方式率先答题。

"让老师参与真题训练，不仅可以使他们对高考热点了解更多，同时也可以使他们掌握更多考试评价手段。"钱敬宗表示，想让学生做到明体达用，老师必须先于学生做到，无论是答题技巧，还是题型分析，或是考试热点预估，只有老师把这些细节深谙于心，才能在教学中有的放矢，做到"先发制敌"。

一系列对于教学细节的延展和发散，让广益中学的老师们在课标分解上有了更为明确的理解和实施。对于教什么、怎么教、要达到什么效果，他们总是力求在自己的脑海中勾勒出形象的结构，再作用于学生发展的全过程。在广益中学看来，教学已然不是单纯的知识传输和知识转移，而是一种师生共同进步、提升综合能力、培养核心素养、锤炼身心品质的"大教育行为"。

|案例二|

《金属晶体》学案

【课标要求】

1. 知道金属键的含义

2. 能用金属键理论解释金属的物理性质

3. 能列举金属晶体的基本堆积模型

4. 了解金属晶体性质的一般特点

课前自主学习

【自主预习】

1. 在金属单质的晶体中，原子之间以＿＿＿＿＿＿相互结合。描述金属键本质的最简单理论是＿＿＿＿＿理论。构成金属晶体的粒子是＿＿＿＿＿和＿＿＿＿＿。

2. 金属键的强度差别_____。例如，金属钠的熔点较低，硬度较小，而_____是熔点最高，硬度最大的金属，这是由于_____的缘故。

3. 金属材料有良好的延展性是由于_____。金属材料有良好的导电性是由于_____。金属的热导率随温度升高而降低是由于_____。

4. 金属原子在二维平面里有两种方式，为非密置层和密置层，其配位数分别为_____和_____。

5. 金属晶体可看成金属原子在_____里堆积而成。金属原子堆积有4种基本模式，分别是_____，_____，_____，_____。

6. 金属晶体的最密堆积是_____，配位数是_____。

【生成问题】

课中合作探究

【知识拓展】

1. 金属晶体性质及理论解释

导电性	导热性	延展性
自由电子在外加电场的作用下发生定向移动	自由电子与金属离子碰撞传递热量	晶体中各原子层相对滑动仍保持相互作用

2. 金属晶体的熔点变化规律

①金属晶体熔点差别较大，汞在常温下是液体，熔点很低（-38.9℃），而钨的熔点高达3410℃，这是由于金属晶体紧密堆积方式、金属阳离子与自由电子的作用力不同而造成的差别。

②一般情况下（同类型的金属晶体），金属晶体的熔点由金属阳离子半径、所带的电荷数、自由电子的多少而定。金属离子半径越小，所带的电荷越多，自由电子越多，金属键越强，熔点就越高。例如，熔点：Na<Mg<Al；熔点：Li>Na>K>Rb>Cs。

【典例剖析】

【例1】金属晶体的形成是因为晶体中存在（　　　）

A. 金属离子间的相互作用

B. 金属原子间的相互作用

C. 金属离子与自由电子间的相互作用

D. 金属原子与自由电子间的相互作用

思路导引

分析解答

方法归纳

【例2】金属的下列性质中和金属晶体无关的是（　　　）

A. 良好的导电性　　　　　B. 反应中易失电子

C. 良好的延展性　　　　　D. 良好的导热性

思路导引

分析解答

方法归纳

【例3】下列有关金属元素特征的叙述正确的是（　　　）

A. 金属元素的原子只有还原性，离子只有氧化性

B. 金属元素在一般化合物中只显正价

C. 金属元素在不同的化合物中的化合价均不同

D. 金属元素的单质在常温下均为金属晶体

思路导引

分析解答

方法归纳

【例4】物质结构理论推出：金属晶体中金属离子与自由电子之间的

强烈相互作用,叫金属键。金属键越强,其金属的硬度越大,熔沸点越高,且据研究表明,一般说来金属原子半径越小,价电子数越多,则金属键越强。由此判断下列说法错误的是( )

A. 镁的硬度大于铝   B. 镁的熔沸点低于钙

C. 镁的硬度大于钾   D. 钙的熔沸点高于钾

思路导引

分析解答

方法归纳

【课堂精练】

1. 金属的下列性质中,不能用金属晶体结构加以解释的是( )

A. 易导电   B. 易导热   C. 有延展性   D. 易锈蚀

2. 金属能导电的原因是( )

A. 金属晶体中金属阳离子与自由电子间的作用较弱

B. 金属晶体中的自由电子在外加电场作用下可发生定向移动

C. 金属晶体中的金属阳离子在外加电场作用下可发生定向移动

D. 金属晶体在外加电场作用下可失去电子

3. 金属晶体具有延展性的原因( )

A. 金属键很微弱

B. 金属键没有饱和性

C. 密堆积层的阳离子容易发生滑动,但不会破坏密堆积的排列方式,也不会破坏金属键

D. 金属阳离子之间存在斥力

4. 关于金属元素的特征,下列叙述正确的是( )

①金属元素的原子只有还原性,离子只有氧化性

②金属元素在化合物中一般显正价

③金属性越强的元素相应的离子氧化性越弱

④金属元素只有金属性,没有非金属性

⑤价电子越多的金属原子的金属性越强

A. ①②③　　B. ②③　　C. ①⑤　　D. 全部

5．金属的下列性质中，与自由电子无关的是（　　）

A. 密度大小　B. 容易导电　C. 延展性好　D. 易导热

6．在核电荷数1—18的元素中，其单质属于金属晶体的有＿＿＿＿＿＿，属于分子晶体的有＿＿＿＿＿＿，属于原子晶体的有＿＿＿＿＿。

7．简要填空：

（1）金属导电是＿＿＿＿＿＿＿＿＿的结果。

（2）金属导热是＿＿＿＿＿＿＿＿＿的结果。

（3）金属抽成丝或压成薄板是金属受到外力作用，紧密堆积的原子（离子）层发生了＿＿＿＿＿＿＿＿，而金属离子和自由电子之间的＿＿＿＿＿＿＿＿＿没有改变。

8．在金属晶体中存在的粒子是＿＿＿＿＿和＿＿＿＿＿。通过＿＿＿＿＿＿形成的单质晶体叫作金属晶体。

9．金属导电靠＿＿＿＿＿，电解质溶液导电靠＿＿＿＿＿＿；金属导电能力随温度升高而＿＿＿＿＿，溶液导电能力随温度升高而＿＿＿＿＿。

课后拓展应用

【自我提高】

1．不仅与金属的晶体结构有关，而且与金属原子本身的性质有关的是金属的（　　）

A. 导电性　　B. 导热性　　C. 密度　　D. 熔点

2．下列叙述中，一定是金属元素的是（　　）

A. 最外层只有一个电子

B. 核外最外电子层有1—2个电子

C. 在反应中很容易失去电子

D. 具有金属光泽的单质

3．下列叙述的各项性质中，不属于金属的通性的是（　　）

A．导电、导热性　　　　B．延展性

C．光亮而透明　　　　　D．熔点都很高

4．下列说法中正确的是（　　　）

A．金属氧化物一定是碱性氧化物

B．金属的导电性随温度的升高而增强

C．金属在反应中都表现还原性

D．金属对应的固态时形成金属晶体

5．金属的下列性质中，不能用金属的电子气理论加以解释的是（　　　）

A．易导电　　　B．易导热　　　C．有延展性　　　D．易锈蚀

6．A、B、C三种主族元素，其原子具有相同的电子层数，B的最外层电子数是C和A两原子的最外层电子数之差的1/2倍。4.05gB的单质与足量盐酸反应，在标准状况下可收集到5.04LH$_2$，得到B的离子中中子数比质子数多1个。

（1）写出元素符号：A：_____　B：_____　C：_____。

（2）A、B、C三种元素形成单质的熔点高低顺序为_____>_____>_____。

（3）B的最高价氧化物与A的最高价氧化物的水化物反应的离子方程式为_____。

【收获体会】

_____

_____

_____

_____

第七篇　学行教育实践（五）：学行德育

德育是教育的首位，更是学行教育的重要实践。学行教育的德育，强调学生的自主教育，重在破译学生自主发展的"基因编码"，以学生的"四会"德育内容丰富化为主线，把"理想、诚信、责任"作为学校德育的名片。具体体现在三个方面：一是培养敢于超越自己、挑战困难、善于学习的学习者；二是培养具有健康身心、爱国感恩、勇于担当的责任者；三是培养具有心胸开阔、视野开阔、悦纳社会的适应者。学校德育要求教师具备"尊重学生、理解学生、宽容学生"的品质。笔者认为学校的德育工作要紧紧围绕"礼""行""唱""考"四个字展开活动，每月一个主题；心动必须行动——德育方向，要紧紧围绕社会主义核心价值观、传统文化等开展立德树人的"益品"课程和活动，形成计划与方案，落实责任人。

一、自主德育的理解与设计

1. 德育

德育是一个社会总体意识形态的教育，中国古代儒家学说主张"德治"和"礼治"，其实就是早期的德育。古代的思想家与教育家孔子强调"以德教民"，把"三纲"（君为臣纲、父为子纲、夫为妻纲）和"五常"（仁、义、礼、智、信）作为德育的主要内容。现代社会教育中的德育，主要是指所有有目的、有计划地对社会成员在政治、思想与道德等方面施加影响的活动，包括社会德育、社区德育、学校德育和家庭德育等方面。学校德育是指在学校教育活动中，对学生进行思想、政治、道德和心理品质的教育，它要求教育者按照一定的社会或阶级要求，有目的、有计划、有系统地对受教育者施加思想、政治和道德等方面的影响，并通过受教育者积极的认识、体验与践行，以使其形成一定社会与阶级所需要的品德的教育活动。根据新时期党的教育方针，立德树人根本任务下的德育就是培养"四有"建设者和接班人。

2. 自主德育

自主德育是依据人的主观能动性，把自我认知、自我理解、自我管理、自我实现等作为德育教育的不同方式而开展的德育教育活动。教育家陶行知提出"德育靠自治"的教育主张，其实就是一种自主德育的观点。"自主"作为一种教育理念和新课改积极倡导的学习方式，是教育以人为本、尊重生命的集中体现。学行教育倡导自主德育，主张学生的思想品德教育需要以学生的自主参与、自主管理和自我成长为重点，以学校组织开展的各类丰富的社会实践、社团活动为载体。广益中学自主德育立足于以下四条途径：

一是在学校"隐形课堂"中寻找自主德育教育的多面性。充分发挥环境文化育人的德育教育作用，使学校的各类文化雕塑墙、校史陈列室、各类宣传窗等，都成为学生自主德育教育的"隐形课堂"。如学校行远楼对面的校友墙、登高楼附近的大树上挂着的古老铜钟、操场边展现广益革命史的浮雕墙等，无不让学生自觉地热爱学校，产生愿意为学校付出学习热情的想法。在家校共育上，学校重视感恩教育，学生隆雯沁呼吁同学们说："我们不妨在放学回家后，送给爸爸妈妈一个温暖的拥抱；不妨在逛街散步时，主动牵住爸爸妈妈不再年轻但却温暖的手掌。因为这不仅是我们对他们的感恩，更是一种爱的表达方式。"

二是在引导学生"自主阅读"中发现自主德育教育的文化传承。自主德育需要"让读书成为一个'六经注我'的过程"，以实现学校德育教育的文化继承与深化。如爱好理学，热衷于化学和生物知识学习的李淋森同学，除了课堂上的必修内容学习外，还通过阅读《三体三部曲》《时间简史》《文化苦旅》《舍得，舍不得：带着金刚经去旅行》等书不断充实自己。阅读就是一个"我注六经"的事，对于一本书、一件事，我们大可以不用敬畏的态度去看待它们，它们只是帮助我们成长、给我们带来知识文化与综合能力的工具，我们要做的就是将自己置身其中，找到对自己有用的内容，然后进行深度思考，转化为自己的底蕴和素养。曾伟副校长认为，广益学子要养成读书的习惯，更要养成读经典的好习惯，"腹有诗书气自华"，要将读经诵典融入学习生活中。

三是在"体育综合实践活动"中融入自主德育教育的核心内容。体育能强身健体，有益于身心健康，为培养学生崇尚奥林匹克精神，学校德育处主办一年一届的"广益杯"篮球赛，意在学生们刻苦学习的同时，引导学生参加体育活动，把体育运动的精神融入德育教育之中。在参加区田径比赛活动中，广益中学田径队向全区人民展示了广益速度，最终获得南岸区团体总分一等奖第一名。此外，学校开展的机器人社团活动，对从小就对机械装备兴趣浓厚、在全国机器人大赛中获优异成绩的陈文潇同学而言，机器人大赛培养了他的实践经验与综合能力。陈文潇说："机器人于我而言，已经不是单纯的爱好，而是承载我的社交网络、培养责任意识的综合载体。机器人带给我更多朋友，也让我懂得了责任与使命，好比'行远自迩，登高自卑'的校训，它总能带给我一种持续助推的力量。"同样，出生于2005年的程奇，经过多年的训练，身体不仅变得更加结实，还收获了优于常人的体能，11岁时参加"我爱足球"中国足球民间争霸赛，帮助球队夺得大区赛第一名和总决赛第三名，13岁时签约重庆当代力帆足球俱乐部，多次参加比赛，且屡获佳绩。

四是在"学科课程改革"中打造自主德育教育的学导模式。学校高度重视"五益"课程体系中的科技、足球、艺术类课程建设，不断营造"无学不导、以学定导、有学会导"的"以学导学"学导式自主德育教育文化，强化自主德育教育。如王秋如同学身为播音主持艺术生，渴望用自己的特长与专业，为学校带来别样的精彩。她参加校园主持人选拔赛，从40多位同学中脱颖而出，最终登上了学校2017年元旦晚会的舞台。王秋如说，在广益中学，通过大大小小的活动，她增强了规划与组织的能力，也认识到了沟通、交流的重要性，更为关键的是，在学校的各类课程学习中，都让她懂得了如何在每一段经历中，提取有利于成长、有利于未来发展的核心要素。

周贵平老师在德育主题活动中作爱校教育发言

3. 自主德育设计

学行教育把"有学无行何以立人，有行无学何以应物"的历史文化精髓放到自主德育的设计指导思想上，把"增广学行，益国利民"的办学理念作为自主德育的灵魂，坚持以学生发展为本，重点加强学生理想信念、文化传统和行为养成教育。理想信念教育上，学校设计"中国梦·广益梦""梦想天空""以青春名义谱人生华章"等自主德育教育活动；文化传统教育上，学校设计"网上祭英烈""牵起父母的手""绘制史画墙"等自主德育教育活动；行为养成教育上，学校设计"广益鸟飞人""牵手电台""书法写经典"等自主德育教育活动。自主德育教育的目标主要分为三个方面：一是塑造学生成长的个人特质，培养具有健康身心、爱国感恩、勇于担当的责任者；二是培养敢于超越自己、挑战困难、善于学习的学习者；三是培养心胸开阔、视野开阔、悦纳社会的适应者。自主德育教育的核心是重点打造体现"理想、诚信、责任"的学行德育名片，充分发挥德育的精神滋养和激励功能，培养学生具有"四会"（会生活、会学习、会交流和会合作）的特质。

二、"四会"德育教育实践活动

1. 会生活的德育实践活动

联合国教科文组织提出学会学习、学会做人、学会做事、学会合作四大教育支柱。人民教育家陶行知提出"教育即生活"的生活教育理论，主张教育要通过生活才能发出力量而成为真正的教育。学行教育的德育实践，首先强调学生的会生活意识与能力的培养。德育主题教育活动指向培养学生社会生活中的规矩意识、感恩意识、诚信意识、法治意识等；德育社会实践活动着力于学生的励志教育、中华成语教育、传承中华文化经典教育、成人礼教育等。学生在班级德育活动中，重点是培养自我管理、自我改进、自我判断、自我规划的能力。

学校德育的生活化理论认为：道德存在于人的整体生活之中，不会有脱离生活的道德，生活是德育的源泉，也是一切德育活动的出发点。长期以来，基础教育的薄弱环节在于应试观念强，更在于家校结合上的脱节。由于学生家庭生活与学校生活表现不同，德育教育的内容与形式的脱离，知行分离，说与做的差别性大。把德育教育的实践

"阅读经典，传承文化"主题德育活动　　　校长与学生一起植树

活动建立在学生的生活实际、特别是家校生活实际的知行统一、说做合一基础上，是德育培养学生会生活的需要。学行教育利用有"氧吧学校"之誉的优美的育人环境，提出开展学生的"益智、益情、益身心"三益德育主题教育活动，并以"知校、爱校、兴校"系列活动为主线，以文明礼仪建设为重点，以争创区、市文明礼仪示范学校为德育教育目标，制定出了开展学行教育德育特色活动的实施方案。如在学生生活教育上，明确要求学生每周剪一次指甲，每月剪一次头发，热天每天要洗澡，至少三天洗一次头的生活教育，让学生在进入社会之前养成良好的生活习惯。再如在军训周中，全体军训同学分为两个营对练，分别学习应急救生的演习训练，教官们先亲自为同学们操作怎么制作简易担架，怎么给头部、手部、胸部等不同部位受伤的伤员包扎伤口，接着请同学们亲自来操作，尽管同学们做得不是很到位，但是大家都在动手的过程中感受到了应急救生的重要性。

2. 会学习的德育实践活动

学会学习是对学生的终身发展负责，是加强学生生命能力，更好地适应未来社会发展的教育要求。学会学习是指学习是人终身发展的动力，学习的行为是一种学、思、做的行为，提高学习行为的质量与效率，需要学习者明确学习目的，有强烈的学习主动意识，能较好地分析影响自我学习效率与质量的因素，能掌握个体适宜的好的学习方法，懂得合理用脑，并形成较好的学习习惯。

会学习的德育实践，主要是把德育实践活动同培养学生会学习的能力结合，开展学习模式、时间管理和学习规划技巧为主要内容的德育活动。会学习的德育教育实践活动十分丰富，如学会自我修养、良好学习品质和优良学习作风的方法，学会学习领会学习原理方法，学会科学规划学习时空，从实际出发制定学习与发展规划，学会进行发明、创造的创造思维方法，学会审美和创造美的基本方法，学会自我教育、自我调控的基本方法等。学会学习研究的成果，表明学生的学会学习德育教育实践活动要重点落实到：一是学习者在学习科学、文化、知识、技能、方法诸多方面形成高度统一；二是树立正确的思想观、人才观；三是形成良好道德、品质；四是深刻认识学习的本质，主动培养良好的学习品质和优良的学风，如主动进行自我开发、建设、超越、发展和主动修养良好学习品质、优良学习作风等。学校有一个执行力特别强的学霸叫邓静月，她善于总结学习方法，遇到任何问题也积极寻求老师的帮助与指导；她喜欢阅读、热爱写作，闲暇时间热衷于种花种草，认为当种子破土而出的那一刻，会真切感受到生命力的强大，而这让她对生命多了一份敬重；她说："阅读是写作的基础，要写出好文章，就必须用别人的好思想好语言来扩展自身的思维及认知面。"

学行教育的学会学习德育实践活动，一是加强班级文化建设，重视和指导学生做好人生规划，促进学生做好自己人生的"导演"的个人规划。以学校名人的成长、亲临教育、校史教育、综合实践性活动开展为主要途径。二是强化课堂教学的文道统一，结合学科自身的特点渗透学科育德，要求学生在学科知识学习的过程中，养成个体的学习意识，能结合个体的良好学习方法，有效安排学习时间，高效组织调整自己的学习活动，让学习成为个体快乐的源泉。三是在课程体系建设中，突出"五益"课程对于学生学会学习的课程作用，把学生的学习兴趣、自信心、人际交往指数提高的培养作为重点，引导学生参加课程"三宝"的课程学习，参与社团或选修课的学习等，让每一个学生在校期间都有参加社区活动、社会调查等实践活动的经历。

3. 会交流的德育实践活动

学会与人合作，需要的是有效与人交流和沟通。会交流的德育教育实践活动，是培养学生学会交流、学会与人有效合作的德育教育实践活动。根据社会交往的主体交往理论，人与人之间交往是主体间的对话，主体间对话是在自主的基础上进行的，而自主的前提是平等的参与。会交流的德育教育实践活动主要针对师生互动，教师不再是单纯的知识传播者，而是学生学习方法的传播者、学生思想的引导者、学生学习的引路人；学生不再是知识单一的知识接受者，而是主动发展的社会实践者、学习活动的主要参与者、不断成长成功的有所作为者。

学行教育开展会交流的德育实践活动，主要是围绕学行环境、学行阅读、学行学术交流、学行名师报告、学行社会实践、学行科技创造、学行艺体体验活动而编排实践活动的教育主题、教育内容与形式。学校每年举办元旦文艺晚会、经典诵读大赛、秋季趣味运动会、秋季田径运动会、校园歌手赛等活动，开展足协、篮协、动漫社、乒乓球社、跆拳道社、机械创新社、心理社、街舞社、摄影社、灵异社、美食社、花艺社、电影爱好社、书法社、音乐社、电竞社、滑板社、表演社、泥塑社、乐活社、语种社等二十多个学生社团活动，并

学校机器人社团参加亚洲机器人选拔赛

利用校刊《展望》和校报《文峰》加强师生交流与学术交流。

　　学行教育开展会交流的德育实践活动，核心是把"增广学行，益国利民"的办学理念细化到师生的互动交流与沟通之中，培养学生成为既有"行远"的理想和"登高"的抱负，又有脚踏实地、万丈高楼从地起的务实精神的人。学行兼备，知行合一，学行教育重视增强德育工作的针对性、实效性和主动性，根据不同年龄学生的特点，改革、调整和充实德育内容。改革德育工作方法，建立面向全体、层级分明、分工明确的德育工作网络和"全面育人、全员育人、全程育人"的管理模式，将德育工作渗透到学科教学中，渗透到教育活动中，渗透到学校管理中，渗透到环境优化中。学生的学会交流教育，主要以爱校教育、名师教育、家庭关爱教育等德育实践活动为载体，让学生在生活中去感知、体验、醒悟和反思，从而实现学生的自我教育、自我管理和自主发展，并通过营造美的环境、展示美的内容、探索美的形式，去塑造学生美的心灵，去培养学生的健全人格，为学生思想品德和人生观的形成奠定坚实的基础。

　　4. 会合作的德育实践活动

　　合作是资源共享、能力协调一致，把做人与做事教育落到实处的最重要的要求。合作离不开有效的交流与沟通，但合作是取得质量与效率的根本。所谓合作，理论上就是个人与个人、群体与群体之间为达到共同目的，彼此相互配合的一种联合行动。检验是否有所合作、是否能达到合作的目的，需要具备合作的基本条件：一致的目标，统一的认识和规范，相互信赖的合作气氛，具有合作赖以生存和发展的一定物质基础等。

　　学行教育的会合作德育实践活动，一是充分利用校友的参与，把他们关于"是母校让我们有今天的辉煌"的由衷感叹传递给在校的同学们，让"无论走到天涯海角，文峰塔总让你魂牵梦绕""聆听铜钟歌唱，恰是慈母叮咛"的深深情结根植于学生的心中。二是丰富和完善"广益话语，南岸表达"的会合作的自主德育教育活动，把《广益斌》的内容扎根于学生的共同话语之中。三是把重庆历史和南山自然文化融入学校的德育会合作实践教育活动之中。学校居南山之巅，文峰塔下，黄桷古道曲折蜿蜒，两旁古树葱翠如盖，穿梭其中使人神清气爽，心旷神怡。为学生见证、体验学校的优美、人文的厚重，从而褪去浮躁，保留一颗精益求精的"匠心"打下良好的基础。校友奉献的《文峰塔之恋》《诗韵南山》等，很好地发挥了德育教育的沟通交流作用，让学子们同前辈们有比较好的情感与思想上的合作。四是着力建造学生全面发展的"成长港湾"，充分发挥校友墙的教育作用。学校开设了学生人生规划课程和责任感养成课程，开展了"有理想、有本领、有担当"系列主题活动，帮助学生正确认识自我，把握自身优势以及性格特征，做到脚踏实地，树立益国利民的人生追求，具备科学地规划自己的学业和生涯发展的能力。笔者认为坚持"立德树人"，要坚守"两个必须"——必须立足中华民族优秀传统文化，必须加强社会主义核心价值观教育，广益自主德育教育有"四步走"——内化于心、加大课程建设力度、系列化主题教育、文化育人。

三、理想、诚信、责任的学行德育教育实践

1. 理想的德育教育实践

理想是一种可以实现的想象，是指向未来的一种个人世界观、人生观和奋斗目标的集中体现。短期的理想一般指在近期要完成的目标，长期的理想需要长时间的努力才能实现。理想不同于幻想，也不同于空想和妄想，它是一种正确的想象。

学行教育的德育实践，把理想教育作为学校的三大德育教育名片之一。首先是对入学学生开展入学宣誓的主题教育。每当新生入学，学校都会组织"我是广益人，感恩祖国"的主题宣誓活动。当"我是

广益人，我是中国人，我以华夏儿女的名义宣誓，捍卫领土一处都不能少；我是广益人，我是教师，我以孔子弟子的名义宣誓，关爱学生一个都不能少；我们是广益人，永不言败，永不服输……”的激昂宣誓声响彻校园时，学生的理想、教师的理想、学校的理想，一时间会成为校园内外的强音，达到让师生们更好地领悟"广益人"的责任与使命的理想教育效果。其次是开设益信课程群，把培养学生理想信念的基本定位作为课程教育目标，开展爱国主义教育、理想信念教育、人生规划教育等课程内容，紧紧围绕"学行文化"精神，以"素养·课标·教材·学案"四位一体为主题，向社会充分展现符合学生可持续发展的课程建设和教学模式，尊重学生个性发展，激发学生的学习主动性。笔者认为，在以培养核心素养为"教育主旋律"的今天，只有立足于学生的个性化发展，以课程建设为载体，以课程改革为抓手，才能培育出"身心健康、人格高尚、世界眼光、有学有行"的未来人才。

2. 诚信的德育教育实践

诚信是中华民族传统美德，更是中华民族最崇尚的品质。亚圣孟子曰："诚者，天之道也；诚之者，人之道也。"诚信主要指待人处世真诚、老实、讲信用，能做到一诺千金等。诚信的内容有两个重点的方面：一是为人处世真诚诚实，尊重事实，实事求是；二是信守承诺。中国古代的人物关公、曾参等都是讲诚信的代表。在现代社会中，公民的诚信教育成为一种新的德育教育主题，学校开展诚信教育，更成为社会主义核心价值观进教材、进课堂、进头脑的中华传统美德教育。

学行教育高度重视对学生的诚信教育。一是在课程建设中，设立"益品"课程群，开展培养学生的品德和做人修养、文明礼仪、诚信美德、品德修身等德育教育的课程。此外，学校在深度挖掘校史的育人价值基础上，以校史课程教材为载体，进一步丰富和完善了开展诚信教育的内容、形式、实施方式等，并把其课程作为学生的必选课程安排进课表。二是充分重视学校"应物立人，明体达用"的优秀传统教育，把培育"有学有行"的现代人作为诚信教育的目标，引导学生成长为既有丰厚学养又有高尚品德，还有解决问题的现实能力的现代化人才。三是学校开设具有历史厚度、文化深度的"中华典籍整本阅读"校本课程，培养学生"整本阅读"的意识和诚信的习惯，要求学生在阅读过程中做到"六个找到"——找到问题、找到文化、找到定位、找到载体、找到架构、找到专家。"中华典籍整本阅读"课程让学生从"快餐阅读"转向"经典阅读"，从"碎片阅读"转向"整本阅读"，从"浅阅读"转向"深阅读"，通过对整本名著的阅读、思考、写作以及小组合作学习、班级演讲、辩论等活动课，收集、整理、甄别主题资料，亲身感受中国传统文化的浩瀚伟大，体验阅读与发现的价值、团队的力量、交流的快乐。

3. 责任的德育教育实践

责任教育是中国特色德育教育的最大主题，是指对学生开展的"天下兴亡，匹夫有责"为主题的教育。责任教育要求充分认识和理解教育的责任，把学生培养成为有责任思维、有责任能力、有责任品质的人。新的课程改革中，培养学生的生命责任、家庭责任、团队责任、生活责任是深化课程改革落实立德树人根本任务的重点课程改革内容。学行教育的德育实践中，一是通过出台新版《中小学生守则》，掀起学守则、用守则的活动，把其作为责任教育的具体标准，开展唤醒灵魂的责任教育。如学校组织"守护花季"中学生法制知识专场讲座活动，让学生自觉守法、远离犯罪、珍惜青春年华、校园时光，同时增强学生的自我保护意识和法律意识。二是强化学生的社会实践教育，打破重知识、轻能力，重学校教育、轻校外实践等教育现象，为学生开展具有系统性、统筹性的实践教育活动，激发学生践行《中小学生守则》的主体自觉性。如让孩子们亲身参与到关爱老人的活动中，让学生能在活动中懂得爱的含义，深入理解"尊老爱幼、友善待人"内容。三是在"五益"课程群中，加强责任意识、责任能力、责任品质培养的课程内容。如邀请市疾控中心专家到校开设我的青春我做主"关注青少年，预防艾滋病"专题报告，在学校开学典礼上进行"我是广益，感恩祖国"的动员报告，在新生入学上进行"新起点，新征程"军训教育等。四是更加重视对学生的"学做结合，知行合一"的道德意识和道德践行的自主德育教育活动的开展。如学校在清明节组织学生"学守则，祭先烈"爱国主义教育活动，以"祭奠广益师、弘扬广益魂"为主题，借扫墓之际回顾历史、重温历史，祭奠已故师长，弘扬广益精神，起到了引导学生发扬广益优良传统的德育教育作用。

学生参加校外主题德育活动

经过以上的学行德育，近年来，学校德育工作取得了显著的成绩：荣获"区文明礼仪示范学校"称号，荣获"市文明礼仪示范学校"称号，被评为南岸区最佳文明单位和南岸区绿色学校。2015年10月，广益中学初2016级、高2017级学生，在参加南岸区宣传部、区教委等联合主办的"中华魂"（践行核心价值观、凝聚中华正能量）读书主题活动中，余露维、聂孟两位同学荣获演讲比赛二等奖，郭玉峰、李航娟、李雪梅荣获征文比赛三等奖。2015年10月，学校高2016

级学生王大海、刘娟、李佳欣、肖琴、黄嘉佳的作品《凝固在岁月中的涂山窑遗址：广益中学宋代涂山窑遗址田野调查报告》，在"童耕中国梦"作品征集评选活动中，获重庆市市委宣传部、市文明办、市教委联合颁发的一等奖，并入选重庆市市委宣传部、市文明办、市教委联合主编的《童耕中国梦——重庆市未成年人乡村调查优秀报告集》一书中。2015年7月，在重庆市第18届中小学师生书法绘画艺术大赛中，鄢禹、黄婉芮两位同学分别获得中学生组毛笔书法一等奖、三等奖，危燕秋同学获

"青春为祖国歌唱"拉歌活动

得中学生组硬笔书法二等奖，黄梦瑶、黄珺瑶两位同学分别获得中学生组美术一等奖、二等奖。

第八篇　学行教育实践（六）：教改科研

　　广益中学在学校教育改革深化发展过程中，大胆进行教改科研，大力开展课堂教学改革，形成了"人人有课题，个个在研究"的良好局面。学校先后承担国家、市区级课题若干，荣获全国"十五"规划课题"21世纪中国学校体育发展研究"一等奖和市级课题"依托校本培训，提高课堂教学有效性的研究"一等奖，编写的校本教材《浩然文峰　百年广益》由人民教育出版社出版。同时学校还是全国"十一五"重点课题"语文学习策略研究"实验学校、全国"十一五"规划课题"基于母语环境的英语自主性阅读与表达能力培养途径研究"实验学校、全国"十一五"规划课题"提高课堂教学实效性的教学策略研究"实验学校、重庆市"十一五"重点课题"中小学教师专业化发展的研究"实验学校、重庆市普通高中新课程实验样本学校等。

　　学行教育的教改科研，主要策略在于把教改科研视为"兴校立校"之源，以"且行且思"的主题教改科研为主要对策，走"内涵发展、突出特色、传承创新、锤炼品牌"的教改科研之路。持续推进教改科研"三本"（校本、师本、生本）式和"三线"（课程建设主线、课堂教学主线、学生学习主线）课题研究与实践，落实自主激励的教改科研机制建设，充分呈现出广益教改科研的特色。

一、兴校立校，且行且思的学行教改科研

1. 教改科研论

教改科研是一个学校的重要工作，随着教育改革的深化以及教师的专业发展需要，教改科研成为学校顺应改革、提高教师专业能力、解决教育教学诸多问题、提升教学质量、推进学校特色发展的主要动力。中国特色社会主义把科学技术视为第一生产力，而教改科研在学校的作用充分体现出科学技术的生产力作用。有专家提出：教育科学是教育改革与深化的第一生产力，教改科研是促进学校发展、教师发展、提高教学质量的重要途径。确立科研兴校、科研育师、科研改变教学的观念，是现代学校发展的必然选择。

2. 学行教改科研

学行教育主张学行兼备、知行合一。依据《教育法》，在教改科研工作上，国家支持、鼓励和组织教育科学研究，推广教育科学成果，促进教育质量的提高；同时贯彻落实《中国教育改革的发展纲要》，鼓励和支持学校、教师和教育工作者积极进行改革实验。每个教育工作者都应积极参与教育科研工作，将教改科研落到实处。为此，广益中学制定出"三步走"的主题科研规划与方案：第一步是明确教改科研的地位与作用，加强教育科研实效性的思考与设计，着力推进教研训一体化和"三本"式主题教改科研活动的开展。第二步是按照学校"十二五"规划精神，着力发展"三线"课题研究——课程建设的课题研究，如学行课程体系建设中的校本课程《浩然文峰　百年广益》建设的研究；课堂教学的课题研究，如全国"十一五"规划课题"提高课堂教学实效性的教学策略研究"和市规划课题"依托校本培训，提高课堂教学有效性的研究"；学生学习的课题研究，如全

国"十一五"重点课题"语文学习策略研究"和全国"十一五"规划课题"基于母语环境的英语自主性阅读与表达能力培养途径研究"。第三步是对教改科研成果制定各类表彰奖励制度，如制定形成的《重庆市广益中学教科研项目管理实施办法》《广益中学教科研成果管理制度》等，以加大课题的研究力度，重点解决教育科研中的重点和难点问题，争取形成高水平与高层次的广益科研成果。

3. 兴校立校的教改科研思考

《广益科研》一书，记载了学校创重十年过程中取得的教改科研成效，其教改科研着力于"三本"，践行学校"行远自迩，登高自卑"的校训。书中记录了"南山文化"校本课程建设的成果，学导式教学模式的完善以及学生自主德育教育的研究特色，总结了教改科研在广益中学学校深化改革和落实立德树人根本任务，以及促进教师专业成长和学生全面发展中，发挥了不可替代的兴校立校作用。

学校在不断改善教改科研管理的同时，还认真落实高中新课程实验，认真开展有效教学的实验研究，不断创新改变教师的教学方式和学生的学习方式，将学行教育的理论与实践相结合，把学校的历史、现实、未来用教改科研的线索联在一起，从而制定出了学校的《广益中学改革与发展"十三五"规划（2016—2020）》和《重庆市广益中学校课程建设规划（2015—2020）》，为学校成为"中华名校"做出了科学的规划与设计。

4. 且行且思的教改科研特色

学行教育把"学思统一，学行结合，知行合一，行知完备"作为学校教改科研的指导思想和原则，整合教研、科研和培训，实行教研训一体化。教研上重视主题教研和专家引领的教学研讨，如聘请华国栋教授指导学导式课堂教学改革实验；科研上加强学行教改科研文化的建设，把"三本"和"三线"的教改科研课题开展好，如学校承担的重庆市"十一五"重点课题"中小学教师专业化发展的研究"和重庆市普通高中新课程"普通高中校本选修课的组织与实施的研究"等；培训上结合《国家中长期教育改革和发展规划纲要（2010—2020年）》制定《重庆市广益中学特色教育改革与发展规划纲要》和《广益中学校本培训方案》，进行分块教学模式的实施，如实施分课堂教学模块、课程模块、教师专业发展模块，2012年开始实施围绕"以学导学"的教改实践，由中国教育科学研究院组织12位专家进校园，进行培训和指导。

　　同时，学行教育还扎实开展校本研修，借助专家引领、校本培训、同伴互助、课堂观察等手段开展教改科研活动。在课堂教学改革方面，学校以学年为单位开展主题活动：2011年以编写《学与导》为主题，借鉴其他学校导学案，形成学校学导案，把学案和导案分开设计，并印刷《学与导》，完成了各学科全部《学与导》的编写；2012年以学导模式探索为主题，开展展示与研讨常态教研，形成"以学导学"学导模式；2013年，以践行学导模式为主题，开展同课异构，在专家指导下，形成了学导模式的完整体系。在校本课程建设方面：2010年重点从校史课程上突破，经过学校校友会的努力，开发校友专家课程，该课程目前有11位专家级校友开设了11个课程模块，并进入常态的教学，成为学校的特色课程；2011年学校把利用区级规划课题"百年老校育人史的研究"成果开发出来的《浩然文峰　百年广益》作为教材，把广益中学校友会编辑的《难忘广益》作为辅导用书，把学校的校史馆、名校友墙等作为实地资源。并开设了"百年广益"校史课程，进行"知校、爱校"的德育课程；2012年学校启动了拓展类课程和特长类课程建设，目前学校已经开发出"诗意大方""飞天梦想""播音主持""国际视野""体艺特长"等40多门校本课程，满足了部分学生的课程需求。总之，且行且思的教改科研，首先，使教师专业化发展水平得到提高，教师的规范性教育教学行为能力得到培养；其次，使教学研究更加系统，更具有针对性；最后通过激励导向，以课题带项目，以项目促成果，呈现出了教师人人参与研究的学行教改科研之风。

二、"三本"式教改科研实践

1. 校本式教改科研实践

校本式教改科研把校本教研、主题教改、专家引领课题研究作为不同教改科研的实践，思考践行学行教育的理论与实践问题，以解决学行教育的规划设计、文化建设、课程建设、课堂教学、学生学业评价、学校制度建设方面的实践问题。广益学行教改科研，传承"行远自迩，登高自卑"的百年校训，坚守"增广学行，益国利民"的办学理念，通过研发构筑多维度的"学行课程"体系以及坚持以文育人，将立德树人根本任务努力渗透进每一次教改科研的实践中。

——校本教研。教育改革的一个显著成果是把校本教研提高到学校教改科研的高度加以重视并发挥其功能作用。从理论上界定，校本教研是以校为本、以师为本、以学为本、以问题为导向的教学研究、教学改革、课程设计、教师培训、学生学习对策思考等方面的同伴相助、专家引领、自我反思性的活动。具体说来，校本教研是为了改进学校的教育教学、提高学校的教育教学质量，从学校的实际出发，依托学校自身的资源优势和特色进行的教育教学研究。校本教研是学校教学研究的基地，以教师作为教学研究的主体。校本教研既注重解决实际问题，又注重经验的总结、理论的提升、规律的探索和教师的专业发展，是保证新课程改革实验向纵深发展的新的推进策略。

学行教育的校本教研，是创办学校学行教育特色的重要支撑。学校进行的广益校史研究与广益"五益"课程建设研究，代表了校本教研活动开展的成果和水平。广益校史研究以校本教材《浩然文峰　百年广益》为基础，重在开发校史课程，形成系列校本教材，如校友专家课程（百年校史资源）等，主要实现对学生进行"知校、爱校、兴校"的教育；同时，依托南山地理优势，开发地域课程，形成《南山文化》等系列校本教材，其中包括宗教文化（老君洞、真武山等）、抗战文化（黄山蒋介石别墅、德国使馆、空军坟等）、大禹文化、开埠文化。此外，旅游资源（南山植物园、一棵树等）和珍稀植物等也具有浓厚的地域文化色彩。这些独具特色的多个系列的乡土教材，让学生了解自己的家乡，热爱自己的家乡。广益"五益"课程建设研究，以"行远自迩，登高自卑"为核心，以"增广学行，益国利民"为校本教研的先进理念，以学生综合素质评价的五个维度进行分类，构建形成了"有行"课程体系。从纵向分类建设"益信、益品、益身、益智、益行"五大领域课程群，重点培育学生的"品行和素养"，落实三维目标中的"情感、态度、价值观"。"有行"课程的校本研究，最终创新了学校学行课程体系建设的特色。

——主题教改。课堂教学改革始终是学校教改科研的重点。学行教育对于课堂教学改革的实践研究，以全国"十一五"规划课题《提高课堂教学实效性的教学策略研究》为主题，重点解决教学中的重点和难点问题。通过使用SWOT分析法，按照"培训—分组—汇报—总结"四个环节，从"教学管理、队伍建设、课程改革、德育管理、招生制度、后勤服务、考核评价、特色发展"八个维度出发，分别从优势、劣势、机遇、威胁四个方面梳理总结，形成全力推进课堂教学改革、优化学生学习、提高教学质量的主题教改方案。

主题教改以"素养·课标·目标·学案"四位一体为教学研究途径，通过课标分解、目标叙写来展开对备课和上课的研究。主题教改在研究行为组织方式上，一是狠抓规则与流程，促使教师理解课改理念，用心领会和理解学科核心素养，全面系统地研读教材和课程标准，然后把"素养""教材""课标"高度融合，提炼出学科的核心素养；二是依据校情、学情及教材内容要求，细化和分解课程标准，用简单的行为动词、行为方式驱动"教师如何教"和"学生如何学"；三是在分解课标的基础上，结合教材内容，叙写每节课（每个知识点）的教学目标，进而完成教学设计（教学案）并运用到课堂实践中去；四是要求教师把整个过程及在实践中产生的问题及解决方法进行沉淀，大胆地讲出自己的教学方法、说出自己的教学体会、写出自己的教学感悟与收获。

主题教改对课堂教学模式的实践研究也高度重视，在学习杜郎口中学、洋思中学、棠湖中学等地的"三三六"自主学习模式、"先学后教，以学定教"教学模式和"三段教学"模式等课堂教学模式基础上，学行教育大胆提出"学导式课堂"教学改革模式，把课堂教学界定为"自学指导，合学引导，拓学辅导"三步及"指导自学、完成学案，发现问题、生成目标，分组合作、互帮互学，引导思维、解困释疑，梳理归纳、当堂达标，应用提升、反馈辅导"六环节。后来又借鉴各地的学导式课堂教学细化为"三环九步"，三环是"导、学、行"，九步是"自学、互学、课学、研学、习学、讲学、练学、演学、思学"。该模式改变了学科教学方式和学生学习方式，努力打造了不同学科、不同课型的有效教学模式，创新形成了具有广益特色的有效课堂教学模式。

——专家引领。专家意指在学术和技艺等方面有专门技能或专业知识全面的人。专家引领从教改科研的角度讲，主要有教育研究的专家引领和教学改革、教学实践的专家引领两个方面。教育研究专家的引领多数情况下是教师在开展校本研究过程中，在选题论证、课题方案制定、课题研究方法掌握运用、课题成果形成与完善等方面需要专家指导、专家参与、专家培训、专家主持学术研讨交流、专家对成果评价鉴定等。如学行教育语文教学开展整本阅读的校本研究过程中，聘请语言学专家史绍典到校参与"聚焦新高考，聚力高质量"主题研讨活动。史绍典以"立德树人与教育情怀——新高考策略下的实力"为主题，把文化传承与中学语文教学改革结合进行了讲解与分析，为学校整本阅读的高考改革项目实施起到了好的引领作用。再如，针对新高考，学校邀请了国内著名教育专家、特级教师、名校校长、高三名师等组成示范引领团队，从"理论、实践、研讨"三个方面进行系统引领，分享由教学到管理、由学科思路到复习策略的具体实践策略，解答如何通过顶层设计，从课堂教学、年级管理和班级服务等方面破解新高考难题，对快速适应新高考改革，提升教育质量具有重要的指导意义。

2. 师本式教改科研实践

学校以教师为本是中国特色社会主义人本理论在教学中的具体落实，而学行教育主要从教师的教学实践、教学反思、教学创新三个方面开展师本式的教改科研活动。

——教师的教学实践。学行教育的教师教学，以课堂教学有效性、高效性为突破口，依据"面向全体，关注差异，异步发展"的课堂教学理念，贯彻"课堂教学的重难点不一定是教材的重难点，而是学生的最近发展区"的认识，按差异教学的理论，结合学生的实际需求，把学科教学三维目标进行分解，找出适合不同学生最近发展区的教学重难点，备"适合学生自主学习、合作学习、探究式学习"的课，上学导式课堂教学模式的"三环九步"的课，并实行分层教学，以满足不同层次学生课堂教学的需求。对于学生的主动学、合作学、创新学，采取模块考核与学分认定，并结合综合素质评价的方式评价学业质量，坚持多样性、多元性、过程性、实效性的评价原则。

——教师的教学反思。教学反思是教师对教育教学实践的再认识、再思考活动。教学反思可以是教学前反思、教学中反思、教学后反思，都需要经历"具体经验→观察分析→抽象的重新概括→积极的验证"四个过程。教师教学反思的方法多种多样，可以是行动研究法、比较法、总结法、对话法、录像法、档案袋法等。教学反思一直是教师总结教育教学经验教训，进一步提高教育教学水平的有效手段。

教师教学反思是学行教育重要的师本教改科研实践方式。从教师教学前反思上讲，学行教育对教师的备课反思制定了"三定""四备""五统一"，即定时间、定内容、定中心发言人；备教材、备教法、备学生、备学法；同一个层次的教学班级要统一教学进度、统一教学目标、统一教学重点、统一作业练习、统一测验考试。从教师教学中的反思上讲，学行教育要求在教师课堂教学中要以"面向全体、关注差异、异步发展"为课堂理念，以"以学导学"为课堂模式，以《学与导》为载体，以"三环九步"为操作流程，探索以学情为起点的引导式自主学习，达到每节课使每个学生有不同层次的提高和最大限度的发展。从教师教学后的反思上讲，学行教育对教师提出"学导"课堂纵深推进的反思项目，如实施课程标准解读和教学目标叙写、基于学情的教学案设计、以教学目标为脚手架的课堂观察、基于素养的学科教学思想提炼等主题项目，让教师的课后反思实现"教、学、研、评"的一致性。

——教师的教学创新。创新是一个民族进步的灵魂，是一个国家兴旺发达的不竭动力。教育创新是运用创新思维方式去重新认识教育的功能，去改进教育与教学活动。教育创新可以是教育理念、教育技术、教学方法、学生学习等各个方面的创新。教师的教学创新，主要指向教学实践活动的创新，是为实现一定的教育目标，在教学领域进行的创新活动。教学创新是当代科学技术，如人工智能、大数据、移动互联、虚拟现实等对于教学活动的改造、改变与功能的增进过程，也是教学思维方式与教学思想的一种进步与改造。

学行教育的教学创新，一是注重"课题、课堂、课程"一体化，制定《广益中学新课程实验方案》《广益中学课堂教学改革方案》及《广益中学校本课程实施方案》，成立学校督导室、学术委员会，实行教师教学的"学生自评、师生互评、家长社区评、认定小组评、学术委员会评"五级评价制度；二是对于学导式课堂的不断改进创新，借鉴各地的学导式课堂优点与环节学习过程中，把学导式课堂教学模式进行了具体的演变，形成现在的"三环九步"学科课堂教学模式；三是校本课程建设与实施的创新，校史课程、名师课程、南山文化课程等，强化了学生对知校、爱校的知识，激发学生努力学习的志向，使教学真正成为唤醒学习的过程；四是把教师教学创新机制上确定为"一个中心，三个支撑点"，即课堂教学以有效性为中心，科研、教研、培训为课堂支撑点。

3. 生本式教改科研实践

生本式是学生主体式，也是以学为先，以学导教式。生本式教改科研实践，重点在于对学生的主体教育、学生的经典式学习、学生的学业质量评价等教改科研的实践研究。

——主体教育实践。主体教育是依据人的主观能动性，把教育的出发点放到学生的自主性、能动性和创造性激励基础上的教育。主体教育主张对学生的教育采取主体性的方式，不断建构和发展其主体性的活动，在活动的开展中促进学生的主动发展。主体教育的实践，尊重学生主体性，把课程与教学都建立在发挥和培养学生的主体性教育目标上。主体教育的课堂是开放、有效的，使学生成为有思想的学习者。

学行教育强调学生的"学"和"行"都主动参与，教师课堂教学的组织与实施，学校开展的综合社会实践活动，学生的社团活动等，都充分以学生为主。做到课堂关注学情，文化建设重在励志，社会实践重在探究，学习活动重在自主，把所有教育教学活动都聚焦在学生自主发展上。如学校承担的全国"十一五"重点课题"语文学习策略研究"和全国"十一五"规划课题"基于母语环境的英语自主性阅读与表达能力培养途径研究"等，都把学生的主体性发展作为核心的研究目标，把"自强、实干、团结"的广益精神作为自主德育的核心。学校的感恩活动、成人礼仪活动、入学校园体验活动等主体德育活动是学行德育的特色，也是学生主体教育实践研究的成效。学行教育试

图破译孩子自主发展的"基因编码"，努力为孩子建立自主发展的
"心流"，让学生在自然而然中去学习、去探学习、去探索、去创
造、去积累。

教师节"优秀青年教师"表彰

　　——经典式学习实践。经典指具有典范性、权威性，历经数时而
不过时的最能表现本行业精髓的、有代表性的完美作品。如马克思主
义有其经典学说，学生的学习有其经典的学习理论等。人们常说不能
数典忘祖，但更重要的是要从事物开始的地方，从科学与人文的发源
地去寻找学习、思考、行动的根。经典正是对人和事物寻求根之所在
的学问之大成。事实表明：学习经典，可以寻根，可以开智，更可以
明史和创新。

　　学行教育提倡学生的学习从经典的阅读开始，最后实现对于经
典的创新。经典的阅读是"让读书学习变成一个'六经注我'的过
程"，在经典中去寻根问源，在经典中去认识事物的开端与史话，以
经典的思考方式去把握人和事物的内在规律，增强分析问题与解决问
题的能力。学行教育的经典式学习表明：学习需要个人将自己置身于
其中，找到于自己有用的内容，然后再进行深度思考，就可把学习的
内容转化为自己的底蕴和素养，这就是经典式学习中的"学一些受用

一生的东西"。经典式学习的实践，在学行教育中培养了学习者联想与建构、活动与体现、本质与变式、迁移与应用、有价值评价等自主发展的核心素养。

——学业质量评价实践。学业质量评价是学生学习过程中个体各方面发展的素质评价。教育部《关于全面深化课程改革落实立德树人根本任务的意见》中提出"研究制订中小学各学科学业质量标准"，表明学生的学业质量评价有不同的评价取向。目前依据学生的核心素养评价取向，明确学生的学业质量评价包括人文底蕴、科学精神、学会学习、健康生活、责任担当、实践创新六大素养的评价。当然，学生的学业质量标准的建立，也可以参照学习进程的不同，分为学习目标、学习方式、学习发展、学习运用、学习创新五个要素，建立学业质量评价标准。

学行教育的学业质量评价实践，主要是在承担南岸区深化教育综合改革的《基于发展学生核心素养的课堂教学改革》实践中，根据《国务院关于深化考试招生制度改革的实施意见》和教育部《关于加强和改进普通高中学生综合素质评价的意见》《关于普通高中学业水平考试的实施意见》以及重庆市教委《普通高中学生综合素质评价方案》等文件的精神，结合学校课程方案和学生培养目标，实行学生学业成绩与成长记录相结合的综合评价方式，对评价目的、评价原则、评价指标体系以及评价的组织实施进行明确规定。评价过程坚持发展性原则、自主性原则、过程性原则、激励性原则、共同建构原则等。学业评价指标体系包括基础指标和发展指标。在评价组织实施过程中，力求操作简易、多主体评价（导师评价、学长评价和学生互评），追求客观、公平，以促进学生发展为目的。

学行教育在建立学生学业质量模型和标准上，探索设计了学科质量标准，在传统质量评价基础上增加质量增量评价指标，即学生学习质量质性和量化的增长指数，班级学生分层差距或者均衡度指标，学科合理作业量负担指标。鼓励学生在老师的指导下开展自我评价。其中，质量内容包括：学生学习动力指标，学生人际关系指数，学生参与实践或个性活动指标，学生身体健康成长指数；还建立了科学质量的战略性指标，即家长的满意度和忠诚度，教师同行质量比较指标，学生在本校后续学习能力指标。与此同时，在质量综合评价的框架内，改进传统教学质量评价的方法，按照品德发展、学业成就、身心发展、兴趣特长养成等，对学生全面成长进行评价，将学生学习成就评价转向"学生学业+学生素质特长"（配套学校传统课程评价）的评价。基于学生自身测验成绩的纵向比较，使用专业的统计方法对数据进行统计分析，追踪学生在一段时间内学业上的变化。

三、"三主线"深化教改科研实践

1. 学行课程建设的教改科研实践

学校在《重庆市广益中学校课程建设规划（2015—2020）》中，把课程建设作为深入推进特色建设，彰显百年老校文化和课程的育人价值核心，提出课程体系建设要以"国家课程校本化、校史课程特色化、地域课程个性化、选修课程多样化、活动课程系列化"五大工程为抓手，打造以国家课程和四大精品校本课程为基本架构的广益课程，即"学导课堂、选修课程、校史课程、地域课程、活动课程"五大精品课程，整体统筹学校课程建设。学校在面临"百年老校如何传承历史焕发新的生机"的背景挑战下，提出"构建高度结构化并兼备基础性、开放性、选择性和时代性的课程体系，围绕个性化教学创新课程实施方式，提升教师队伍的专业水平，完善课程运作的组织、制度和机制保障，实现全程育人、全科育人、全员育人、全环节育人、全空间育人"的教改科研课程建设研究目标。

为保障教改科研课程研究目标的达成，学校制定了《广益中学新课程实验方案》《广益中学课堂教学改革方案》及《广益中学校本课程实施方案》，并承担了重庆市市级研究课题《普通高中校本选修课的组织与实施的研究》，以学期为阶段，有计划、有组织地实施，并成立督导室进行过程督查和学期评价。学校每年拿出50万课改专项经费，用于课程建设、课程实施、课程培训等工作；每年举办一次学术年会，对课改课题研究工作卓有成效的教师、备课组、教研组进行表彰和奖励；将课程教学改革考核纳入年度考核，与评职、评先、评优挂钩，通过激励，引领教师积极进行课程改革的研究。

——课题"普通高中校本选修课的组织与实施的研究"在学校课程建设的教改科研实践中，取得明显效果。一是《浩然文峰 百年广益》校史课程立足百年老校，将百年育人文化外显。地形地貌与校训"行远自迩，登高自卑"匹配，通过"学、看、感、知"四步教学对学生进行"知校、爱校、兴校"教育，激发学生树立远大理想，践行学校"行远自迩，登高自卑"校训，实施立体式"知校、爱校、兴校"德育课程教育。二是校友专家课程建设。学校依托校友会，遴选了11位知名校友专家，开设了"文学修养、审美艺术、史学掠影、交通旅游、身心健康、经济发展、百年广益、文明礼仪、国际交流、医学卫生、航天科技"11个选修模块，建立涵盖组织、管理、实施、评价等方面的完整体系。三是拓展性选修课程。学校以备课组为单位，以学科前沿和学科相关为前提，开发学科拓展课程，到目前为止已经开发出近50门学科拓展课程，如语文学科课程"诗意大方"、物理学科课程"飞天梦想"等。四是探究性活动课程。课题研究将学校活动、学生社团、综合实践活动整合在一起，整体实施学校活动课程，学校德育处、校团委负责组织管理，取得了初步效果。

——"五益"课程群建设实践。深化课程改革的重要方式是进行课程的整合、拆分、删减、增补等，从而形成以学生培养为主线、以课程逻辑联系为纽带、以教师团队合作为支撑、以质量效益为抓手、以深化教学改革为动力的新型课程体系。课程群是指围绕同一学科或研究主题，将与该学科或研究主题具有逻辑联系的若干课程在知识、方法、问题等方面进行重新规划、整合构建而成的有机的课程系统。课程群本身具有知识型、方法型、问题型的区分，也有全面性、完整性、结构性等特性。建立课程群有利于全面提升学生核心竞争力，促进学校教师的专业发展，提高学校的课程教学质量，因此，课程群理论成为指导学校课程体系建设的重要支撑。

"五益"课程群是"学行"课程体系中按培养学生目标而整合国家、地方、校本三级课程形成的一体化课程群。"五益"课程群代表"益信（理想信念）、益品（品德修养）、益智（扎实学识）、益行（实践能力）、益身（身心健康）"五大类课程结构。每类课程分别由不同课程学习领域构成，益信课程群主要包括爱国主义课程、公民教育课程、民族教育课程、人生规划课程、责任感养成课程等；益品课程群主要包括校史文化课程、传统文化课程、文明礼仪课程、品德修养与法律基础课程等；益智课程群主要包括统考类课程、选考类课程、特需类课程、国际理解课程等；益行课程群主要包括地域特色课程、领袖气质课程、创意实践课程、名人名家课程、境外游学课程等；益身课程群主要包括心理健康课程、体美竞技课程、生活美学课程等。

——高中精品课程建设实践。精品课程是具有一流教师队伍、一流教学内容、一流教学方法、一流教材、一流教学管理等特点的示范性课程。精品课程建设的标准：一是课程教学效果好，二是学生满意度高。开展高中精品课程建设，是提高高中教学质量，加强学生核心素养培养，建设高水平高中教师队伍，推进高中教育特色办学的需要；也是学行教育教改科研实践贯彻落实教育部《基础教育课程改革纲要（试行）》《普通高中课程方案（实验）》《关于进一步加强普通高中新课程实验工作的指导意见》，以及《重庆市普通高中新课程实验课程设置及实施指导意见》和《重庆市普通高中学生学分认定管理办法》等文件精神的要求。

学行教育高中精品课程建设，突出在语文整本阅读课程、学校独具特色的校史课程和地域课程以及"足球课程、音乐欣赏课程、英语交流课程"三宝课程的建设上。在语文整本阅读课程建设中，学行教育把"中华典籍整本阅读"课程作为精品课程进行建设，该课程依据《高中语文新课程标准》提出"整体阅读"课程要求，基于学生的语文核心素养和学校的办学思想，着力培养学生"整本阅读"的意识和习惯，传承中国优秀传统文化，让学生掌握必要的读书和写作方法，形成必备的语文素养，成为具有自觉性的终身阅读者。"中华典籍整本阅读"课程在学校已经开设了六年，经过高考检验，课程不仅有力地支持了学生文化素质的积累，并且为文科高考提供了直接助力。其课程教学效果显著，一时成为学校高中精品课程建设的代表。

——学行课程建设教改科研实践成效。近年来，学校课程建设的教改科研实践，培养了骨干教师，提高了教育质量，促进了学生学习能力发展。在骨干教师队伍培养上，学校市区级骨干教师及学科带头人由原来的6名增加到21名，高级教师由原来的30人增加到60人。在教师赛课方面，学校区级以上获奖由原来的0增加到50余项，秦渝老师参加国家级赛课获国家级一等奖。在课题研究及推广过程中，教师论文获奖150余篇，文章发表200余篇。黄祖清老师的文章被编入川教版历史教科书，并发表于《今日教育》《科学咨询》《教育研究》杂志。在教育质量提高上，学校一年上一个台阶，教学成绩一直名列全市前茅，连续17年获南岸区办学质量综合督导评估一等奖。2017年高考中程琪雅、王华、陈焱琳三位同学被清华大学录取，广益中学校重本上线人数历史性地突破400大关。在学生学习能力发展上，学校陈思佚同学在2020年4月前往美国参加了"总统奖"项目——中美高中优秀毕业生交流活动，他是重庆市唯一一个参加此次国际交流活动的高中毕业生；许梦蝶参加2011年南岸区"经典诵读大王"比赛获特等奖；2010年5月，杜帅、杨城理获重庆市中小学机器人竞赛活动VEX工程挑战赛高中组一等奖；2011年，刘志露荣获"快乐阳光"重庆市第六届中小学才艺大赛高中组艺术表演个人项目比赛主持类一等奖；2012年，刘思齐、周宁静、曾巧、王贞雅、张筱茜、刘云端、杜钰灵、周梦琪等同学获第六届"地球小博士"全国地理科技大赛一等奖。学校的综合实践活动课程也成效卓越，2012年，学生小课题研究成果获全国一、二、三等奖共119项。

2. 学行课堂教学的教改科研实践

课堂教学是学校教育改革的核心，也是教改科研的重点实践领域。学行教育注重学行兼备的教改科研课题研究，承担了全国"十一五"规划课题"提高课堂教学实效性的教学策略研究"和市规划课题"依托校本培训，提高课堂教学有效性的研究"。在华国栋课堂顾问专家的指导下，形成了以"差异教学理论和最近发展区理论"为依据，以"面向全体、关注差异、异步发展"为课堂理念，以"以学导学"为课堂模式，以《学与导》为载体，以"三环九步"为操作流程的学导课堂体系，探索以学情为起点的引导式自主学习，以期达到每节课每个学生不同层次的提高和最大限度的发展。

——课题"提高课堂教学实效性的教学策略研究"在专家的指导下，一是探索了适合学生的教学目标，把教学目标定位在学生的需要上，着力培养学生的学习能力、实践能力和创新能力；二是加强了教学准备的校本研修，强化集体备课，要求充分理解新课程理念，解读新课标要求，准确理解教材编写意图，结合学生发展需要，选择恰当的教学素材，科学设计学案和导案，完善《学与导》，合理安排教具和运用现代多媒体技术；三是强化教学内容的针对性和实效性，根据《学与导》进行学情反馈，要求教师准确把握学生最近发展区，灵活处理教学预设和生成之间的关系，根据学情重新确立教学目标，充分体现学科资源的育人价值，使学生有不同层次的提高；四是促进教学方式和学习方式的转变，充分体现学生主体和教师主导的作用，实施"以学导学"卓越课堂教学模式，培养学生的学习能力，在"自主、合作、探究"过程中，建立师生学习共同体，实现教学相长和共同进步；五是研究发展性教学评价策略，实施"五化三段"动态增量评价，评价既关注学习结果，更关注学习过程和方法，重点在实现学习效果增值上。并逐步完善增量评价操作办法，形成师生增量评价指标体系，引导学生卓越发展、差异发展。

——"以学导学"卓越课堂五年工作方案。"以学导学"卓越课堂突出"一切为了每一位学生的发展"的核心理念，深入贯彻学校"面向全体，关注差异，多元发展"的课堂理念，转变教师教学方式和学生学习方式，建立师生学习共同体，彰显多元、开放、包容的课堂教学文化，最大限度地优化教学环境、教学内容、教学方法与手段，形成最优化的课堂形态。其主要实施五大计划：一是师生学习共同体构建计划，转变教师传统角色，建立民主平等、合作互动、和谐融洽的新型师生关系，推进学习小组建设和评价制度建设，培养学生自觉学习和主动学习的习惯；二是校本课程、辅助课程活动推进计划，严格执行国家课程计划，开发校史育人课程、校友专家课程、"南山文化"地域课程和学科拓展课程。扎实推进学校学生社团建设、选修课程建设、体艺科技2+2项目等，推进学生活动课程建设，确保学生参与辅助课程活动覆盖率达100%；三是卓越课堂校本实践提升计划，深入推进学校"以学导学"卓越课堂的实践，通过自觉践行、校本展示、课堂开放周等形式推进我校卓越课堂深入发展，以此为突破口推进学校课程改革，培养学生综合素质，落实"减负提质"工作，实现学生能力提升；四是卓越课堂五年开放计划，学校建立卓越课堂开放机制，每年举办一次开放周活动，实现一年一次提升，循环推进，不断完善；五是卓越课堂教学评价建设计划，从教学预设、教学目标、教学内容、教学方式、学习方式和教学评价六个维度，探索卓越课堂评价指标体系，通过课堂教学量化评价，引导师生自觉践行学校"以学导学"卓越课堂的实践，促进学校课堂教学从形式向内涵转变。

——《浩然文峰　百年广益》校史课程的"学、看、感、行"四步教学。"学"是以《浩然文峰　百年广益》校本教材为读本，在课堂上学习；"看"是组织学生参观学校名校友墙、文峰学潮雕塑、广益亭、天海亭、校史馆等；"感"是学生谈感受和收获，发表自己感言；"行"是开展"知校爱校"主题活动，宣讲学校。

——改变教学组织形式的改革实践。以改善有效的教师教学行为、学生学习行为为关键，改变课堂教学的组织形式和制定相应的管理制度，成立"学生发展中心"，打破传统行政班机制管理，依据学生的发展规划与意愿进行编班，在必修课程和选修课程的实施中采用走班制，采取专家指导（定期讲座）、导师制与班主任并行方式，对学生选课进行指导。学生学习指导上采取导师制，导师负责解答学生学习、生活中遇到的各种问题，导师定期向班主任汇报学生思想、动态，以便班主任掌握整体情况，每个学生都有权利就任何学习中的问题或学校里的日常事务约见导师。学生管理上采取学长制，是将一些品学兼优的高年级学生经选拔后做低年级学生的指导工作，以自身的经验和体会帮助新生尽快适应高中学生生活。与此同时，将学长制与学生自我管理相结合，在学生管理上重视学生的自主教育、自我发展，充分利用学生课程资源，引导学生自主开发课程。

——教师课堂教学创新的改革实践。依据学行教育课程体系建设中课程实施的要求，学行教育把创新课堂教学的改革实践作为教师课堂教学研究的任务驱动，要求教师强化和探索教学方法改革，依托信息教育技术，采用现代化教学手段，完善教学组织形式，注重理论教学和实践教学的紧密联系，注重学生自学能力的培养。教师课堂教学创新具体开展的改革实践：一是教学方法变革实践，倡导启发式、讨论式、情景式、问题式以及协作互动式教学方法的学科教学方法变革研究；二是教学技术改进实践，教师充分利用信息技术平台及现代化教学手段，推进教学技术改进与更新，结合现有现代化教学设施，充分发挥互联网的作用，推进课程资源共享，使教学研究信息化发展；三是多元评价建设实践，通过涵盖学生生涯规划、教师教学质量和综合素质养成、信息技术配套设施的评价等方面，形成改进意见和建议，促进课程建设水平的提高，并建立有效的激励机制和问责制度，以确保提高教育教学质量的效果。

3. 学行教育学生学习的教改科研实践

学生是教育的主体，学生的发展是教育的终极目标，学行教育的教改科研高度重视学生学习的教改科研实践研究。学校承担的全国"十一五"重点课题"语文学习策略研究"和全国"十一五"规划课题"基于母语环境的英语自主性阅读与表达能力培养途径研究"等，都把学生的主体性发展作为核心的研究目标。《教育部关于深化课程改革落实立德树人根本任务意见》下发后，学校开展了基于学生核心素养的改革实践。以中国学生发展的核心素养研究成果为依据，从关注教师"教"转向关注学生"学"，围绕"课堂有效"展开学生学习的研究。

——普通高中新课程实验学分认定实施方案。依据《重庆市普通高中学生学分认定管理办法》以及《南岸区普通高中新课程实验工作的指导意见》，为有效实施普通高中学生学分的认定和管理，保证学分认定的真实性、严肃性和公正性，广益中学制定了普通高中新课程实验学分认定实施方案，学分认定实施主要有以下几个方面：一是学分的取得，要求学生每学期所修习的课程，均需经过严格考核，考核成绩合格才能取得学分；考核成绩不合格者不能取得学分；二是学分认定的考核，分为必修学分和选修学分两部分，均由过程评价和终结评价（模块测试）两个部分组成；三是学分认定的程序，分为学分认定时间、学分认定相关问题的处理、学分认定纪律、学分认定的管理等不同方面的程序。

——学生"做中学"多元成长的方式研究。教育是在为未来培养人，他们现在所学的知识要为将来铺路，这就要求学校教育不仅要给予知识，更重要的是锻炼能力。学行教育开展丰富的社会实践活动和社团活动，在社团建设方面学校有跆拳道、机器人等20多个学生社团。在综合实践方面，学校围绕综合实践活动课程目标，着力培养学生的创新精神和实践能力。学校依托综合实践课程，纳入学校课程安排，开展研究性学习、社会实践和社区服务，取得的成效非常显著，近年来获得市级以上的奖励100多项，由重庆出版社出版了《学生小课题研究方法及案例》，学校公众考古社与重庆文博研究院、北大考古学院均建立合作关系，成功申报重庆市精品课程"公众考古"。

——中华典籍整本阅读课题研究。"中华典籍整本阅读"在学校已经开设了六年，主要是在教学的要求、在教师的指导与督促下，让学生有计划、有质量地按时完成整本书籍的阅读和有实际成果的阅读。在阅读过程中，既要接受教师在阅读方法方面的讲授与指导，又要学生自己在阅读中去发现问题、思考问题、解决问题。最初两年，主要开设的是《论语》整本阅读，教学重点在于背诵《论语》经典句子，对孔子、子路、子贡等主要人物形象的分析，随后进入选修课，采取分层教学，让不同阅读目的的学生组成不同的选修班级，完成不同层次的学习目标。经过高考检验，"中华典籍整本阅读"活动不仅有力地支持了学生文化素质的积累，并且为文科高考提供了直接助力，教学效果显著，激发了学生的阅读兴趣，增加了学生的语文知识储量，使学生在活动中强化阅读的效果，在合作中深化阅读的感悟。

四、自主激励的教改科研机制建设实践

1. 自主激励机制

自主激励是指以自我实现与自我成功为主要的激励目标，实现自我意识、自我管理、自我完善的激励方式。教改科研自主激励机制的建立，是依托教改科研活动的开展，让教师成为研究的实践者，成为研究的培训者、成为研究的成果运用者，以此作为一种管理的途

径，不断地提高自我参与教改科研的意识与能力的激励机制。

学行教育重视教改科研的自主激励机制的建立，在"科研兴校、科研兴教、培训兴师"的思想指导下，一是注重教改科研一体化，二是走务实科研之路。学校成立科研机构，落实科研管理人员，建立教改科研管理制度和评价制度，以培训为载体，改变教改科研观念，提高教师研究能力，努力做到使所有教师意识到只有自己成为研究者，才能实现从"经验型"向"研究型"、从"教书匠"向教育家的转变，最后真正成为研究型教师。

2. 自主激励的建设实践

学行教育针对教师参与教改科研自主激励机制，依据自主选题、自主合作研讨、自主培训学习、自主完成课题研究成果、自主交流提高学术水平等不同方面的管理指导要求，制定了较为翔实的自主激励机制。主要有以下机制：

——课题研究的项目管理机制。学行教育鼓励教师积极开展科研，坚持民主集中制的管理原则，实施项目管理办法。教师的教改科研课题申报与立项的实施，引进企业管理思路，只要有利于工作突破、有利于学校发展、有利于创新改革，均可申报立项实施。学校课程中心根据学校发展需要，每期投放项目指标，教师和部门根据项目指南，自由组建项目组，自主申报，项目一旦通过，学校给予相应资金匹配进行资助。

——课题研究的校本培训管理机制。学行教育鼓励教师参与多种教改科研的实践活动，提出"以课题带项目、以项目促成果"，要求教师"人人有课题、个个在研究"和"人人会研究、个个是能手"。通过做项目的过程，改变教师教育教学观念，提高研究能力，让被动的研究行为变为自觉主动的研究行为，达到"培训兴师"的目的。通过项目研究实施的亲身体验，让教师在研究中体验，在体验中自我实现，由此形成自我激励。

　　——课题研究的专家评审机制。学行教育的教改科研，以校本研究为主要途径，对专家引领活动高度重视。一是由学校教科室牵头，组建学校专家委员会，针对教改科研课题研究立项、过程管理指导、成果评审进行集体评审评议；二是聘请区内外知名教改科研专家作为学行教育学术顾问，不定期到校开设专题讲座与参与课题研究的学术评审活动；三是充分利用校友中的专家，指导学校的专项课题、专项课程建设、专题的教研活动、专门的学科主题研讨等。由此，确保教改科研的基础与规范性的运行。

　　——教改科研的良性循环机制。学行教育以推进素质教育，提高办学质量，有利于推动教育事业的发展为宗旨。遵循"立足教育教学实际，服务教育教学实践"的原则开展教改科研活动。一是明确教改科研管理流程（管理流程如下）：

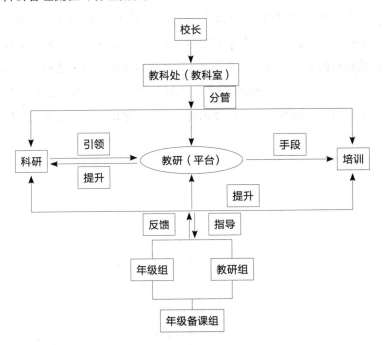

　　二是坚持校本研究为载体，课程建设为重心，文化建设为主线，学生学业质量评价改革为创新的教改科研的发展规划，每年召开一次

教科研工作经验交流会，每学期组织一次校级教育科研理论及方法的培训，建设以学科教研组为中心的课程建设团队，加大课题的研究力度，重点解决教育教学中的重点和难点问题。设立教改科研的专项经费，用于教育科研立项、评审、奖励和推广等。

三是加强对教育科研工作的领导，鼓励教师积极开展科研，倡导理论与实践的统一，制定教改科研成果登记制度、奖励制度，建立教师教科研业务档案，对学校集体和个人的教改科研活动进行归口管理，及时汇总，形成第一手资料。

——教改科研的重要效果。正是在良好的科研管理机制基础上，学校参加了国家级课题"面向21世纪三峡库区区县整体推进素质教育改革与发展"的研究，参加了市级重点课题"快乐体育与体育实施素质教育"的研究，参加的体育218课题获全国一等奖，学生课题"对初中教育利弊及改进措施的研究"获市一等奖。2013年7月，市级课题"依托校本培训，提高课堂教学实效的研究"获重庆市人民政府首届基础教育教学创新成果奖三等奖。学校编写出版了校本教材《浩然文峰　百年广益》，于2005年5月由人民教育出版社出版。2016年11月，学校组织老师编写了《小课题研究方法及案例》，由重庆出版社正式出版。

第九篇　学行教育实践（七）：文化建设

百年广益，逐梦巴渝名校的文化之旅，积淀了理念文化、管理文化、教育文化、教学文化、学生文化、校友文化等十个方面文化建设的成就，在传承与创新的筚路蓝缕和名校气质中，立文化于方圆之中，学行无止、心怀空杯，让师生学有所长、学有所成；集大成于方圆之外，气有浩然，虚怀若谷，让学校在不断超越中成就卓越，练就名校之质。学校文化是学校发展的重要源泉，学行文化建设是学行教育的重要实践。在学行教育的文化建设过程中，学行教育不仅立足于校园文化的建设，而且在校史文化、美育文化方面注重个性化、校本化、特色化的建设。

一、学行文化建设的理念

1. 理念文化

广益中学将"增广学行，益国利民"作为办学理念，希望师生不断增长学问，完善品行，发展成长。增广学行是一种永不倦怠的心理暗示，恰如明代大儒王阳明提出的"格物致知，知行合一，致良知"。其意义在于不断实践、不断捕获新知，在知行合一的过程中，练就自我修养，丰满自我内涵，从而让教育在自然而然、循序渐进的过程中，得以开展、得以升华。益国利民是利用点点滴滴的教育去培养有利于国家的未来人才。这样的理念意在加强社会主义核心价值观教育，促进教师学识和德行等方面的专业发展，增强学生社会责任感、创新精神、实践能力，使师生在立身处世、做人做事等方面有利于国家和人民。笔者认为，办学理念"增广学行，益国利民"是传承学校历史文化，通过"一训三风"去回答学生发展愿景、教师发展愿景和学校发展愿景以及怎样培养人的问题。广益中学给出的答案是"培养有学有行有个性的现代人"，通过学校"学行课程"群的落地生根，加快了教育深化改革的步伐，催生"面向全体，关注差异，异步发展"的美好育人愿景。

2. 校训引领

学校在百年校史中，形成了"行远自迩，登高自卑"的校训，其深刻的文化内涵是：做人必须行远，而行远首要的是树立远大的理想；登高是行远的理想目标，如做人需要有攀登事业和科学高峰的抱负等。自迩和自卑是指人在行远与登高的过程中，应脚踏实地从低处起步，从基础开始，由近及远，而且必须具有万丈高楼从地起的务实精神。学行教育的文化特色，正是把理想教育与现实生活有机结合，以其独有的人文魅力和教育思想作为文化建设的扎实基础。高中语文老师程曦认为"行远自迩，登高自卑"有三种不同的境界面："第一境界是'立'，第二境界是'守'，第三境界是'得'。""行远自迩，登高自卑"是立志、下决心，教育的目的不单单是为了高考，更是为了塑造健全的人格和独立的思维，培养有益于社会和国家的未来人才。

3. 广益精神

"自强、实干、团结"是广益中学的精神所在，其内涵是："自强"出自中国古代《易经》中的"天行健，君子以自强不息"，体现不断进取、永不满足的奋斗精神；"实干"是实践出真知，实践是检验办学质量的唯一标准；"团结"是指师生关系和谐，干群关系上下一致，团结就是力量。全国机器人设计大赛获奖学生陈文潇、"游戏达人"李淋森、"人校合一"播音主持王秋如这三位广益学子，用自主发展、个性成长的事实，证明了广益精神的价值意义，可见"自强、实干、团结"的广益精神正是学生自主发展的"基因编码"。

4. 知行合一

知行合一是学行文化的核心，也是中华优秀传统文化对于学行文化建设的主要支撑。所谓知行合一，是指客体顺应主体，知是指良知，行是指人的实践，知与行的合一，既不是以知来吞并行，认为知便是行，也不是以行来吞并知，认为行便是知。知行合一要求：知中有行，行中有知，以知为行，知决定行。学行教育把知行合一作为教育的重要原则，强调学生的有学有行，重视教师的教、学、做统一，提出"教师素养直接决定学生的素养"的观点，主张教师应开展有效的教学。学校在开展学生的社会实践与综合实践教育过程中，制定了《广益中学研学旅行活动方案》（简称《方案》），《方案》以知行合一思想为指导，强调研学是立德树人的创新举措，是实现德育为先的重要手段，是发掘学生能力的重要渠道，是促进学生全面发展的有机组成部分。学生通过研学活动的参与体验，可以实现学科教育和实践探索的深度融合，激发起对实践探究的学习兴趣，树立正确的文化观念，提升文化修养。学校开设好研学旅行课程，对于全面贯彻党的教育方针，积极推进素质教育，不断深化课程改革，培养学生的社会责任感、创新精神和实践能力，提高核心素养，体现知行合一教育原则等，都具有十分重要的意义。

二、学行文化建设的顶层设计

1. 文化设计

学校文化是学校的一种价值体系，即包含价值观念、办学思想、群体意识、行为规范等方面的综合体系，在广益中学，笔者认为：现代教育把学校文化定义为学校在长期发展中积淀下来的精神财富，是学校持续健康发展的重要保障，更是学校展现在社会和民众面前的整体形象。因此，学校文化建设首先需要有顶层的设计，也就是对于学校文化建设的不同方面进行主题式的表述。一般而言，学校文化需要对文化主题、文化载体、文化价值、办学理念、办学思想、办学目标、办学传统、校训、校风、教风、学风、办学特色、学校精神、学校口号等多个方面进行主题式的表述。学行教育的文化建设，从顶层设计的角度讲，主要表述为下：

　　文化主题：学行兼备，知行合一

　　文化载体：文峰塔

　　文化价值：应物立人，益国利民

　　办学理念：增广学行，益国利民

　　办学思想：培养有学、有行、有个性的现代人

　　办学目标：管理科学、特色鲜明、质量领先、中华名校

　　办学传统：爱国爱校、治学严谨、尊师勤学、文明活泼

　　校训：行远自迩，登高自卑

　　校风：应物立人，明体达用

　　教风：高山仰止，景行行止

　　学风：知行合一，学至于行

　　办学特色：历史立校，文化兴校

　　学校精神：自强、实干、团结

　　学校口号：百年名校，学行广益

2. 发展目标

学校文化建设是学校各类发展目标的最终达成过程，主要表现为学校综合发展目标、学生发展目标和教师发展目标。学行教育以"坚

持办人民满意的教育"为学校总体发展的目标，细化的三个发展目标是：

——学校发展目标：管理科学，特色鲜明，质量领先，中华名校。到2020年，建成特色鲜明、示范引领、享誉巴渝的市级重点中学（特色学校—重点学校—巴渝名校）；到2030年，建成引领巴渝、享誉西部、走向全国的知名中学；到21世纪中叶，建成中西兼容、享誉全国、面向世界的中华名校。

——学生发展目标：身心健康，人格高尚，世界眼光，有学有行。培养心胸宽广、身心强健，具有社会责任感、面向世界的人；勤奋学习、勇于探索，具有信息素养、富有创造力的人；积极进取、脚踏实地，具有生活情趣、与众共生存的人。

——教师发展目标：专业精深，合作奉献，学识广博，德行高尚。关爱学生、教书育人，具有高尚德行和高远追求、充满责任感和使命感的教师；严谨笃学、行为世范，具有博大情怀和教育热情、人格魅力和学识魅力的教师；求真求善、兢兢业业，具有人文素养和科学素养、合作精神和奉献精神的个性鲜明的教师。

三、学行文化建设的践行

1. 理念文化的建设

广益中学校的办学理念是：增广学行，益国利民。作为学校文化建设的先进理念，学校的校园文化建设突出办学理念，不断地丰富和完善"增广学行，益国利民"的内涵。"增广学行"对校长而言，要有世界视野的办学眼光，要学习掌握国际上先进的办学理念，如终身学习理念和"互联网+教育"的理念；对学校的改革与发展，要重视学习型校园的建设，要把教师队伍建设、学校文化的主题建设落实到终身学习的理念上来；对学校的教育教学活动，要强化"互联网+教育"的意识，对信息技术下的教育改变要有敏锐的感觉，对新技术影响下的智慧课堂、云教育等要进行实践与推广。"增广学行"对教师而言，要求教师不断提高自身的教育教学核心素养，要把《中共中央国务院关于全面深化新时代教师队伍建设改革的意见》中对教师提出的"牢记使命、不忘初衷，爱岗敬业、教书育人，改革创新、服务社会"要求落到实处。"增广学行"对学生而言，是要全面发展和健康发展，要立足于终身学习的需要，培养综合素质，提高学习能力，在传承中华优秀文化，认识和理解社会主义核心价值观的过程中，成为有理想、有道德、有文化、有纪律的"四有"新人。"益国利民"的内涵，根本在于办人民最满意的教育，最优地完成立德树人根本任务。

2. 环境文化的建设

学行教育把环境文化建设放到学校隐性课程建设的高度，认为环境文化具有宁静致远、净化心灵的教育场的作用。作为书香校园，国家A级旅游风景区，学校地处南山之巅、文峰塔下，远离都市的喧嚣，环境优美，是读书、学习的绝佳场所，得益于坐落南山的地理位置，广益中学有"氧吧学校"的美誉，其青砖墨瓦、白石镌刻、铜铸古钟、风骨诗篇、手绘宏图、广益师表、校友题榜、芳草萋萋、花木

学校田径场

"名校友"文化墙

盛芳、院士之林等文化环境得天独厚。学校一方面自然环境得天独厚，森林覆盖率高达60%，学校坐南山之巅，位古塔之下，傍黄桷古道，环抱在青山中，掩映在绿树里，空气清新，可眺渝中美景，使人心旷神怡；春来秋至时节，鸟鸣树梢，花香扑鼻；塔影、古道、松涛与琅琅读书声，演奏着人与自然的和谐乐章。另一方面人文环境厚重独特，总体规划了名校友、名师文化墙等校园十七景，按照校训和校名对主楼进行命名，形成了"十个一景致"，皆有故事；恢复了校园主体建筑外立面色彩，体现古朴优雅的民国风味，整体构建以学校文化

学校"登高楼"

为主线的学校文化走廊。此外，校园环境相得益彰，"校园亦花园"，益智、益情、益身心，是广益中学教育工作者对环境育人的最高追求，校园内的人文景观亦精雕细琢，巧妙天成；小桥流水、清波碧浪、回廊花架、灯饰典雅、古钟悠响、清雅宜学；既有现代化的教学大楼，又有历史悠久的古建筑，沧桑古朴的民主走廊，庄严古老的石门，斑驳古旧的铜钟，形成了传统与现代有机结合的园林式的校园格局。为此，在"百年广益"校园里，每一堵墙，每一块草地乃至每一株花木都会"说话"，它们的和声营造出了一种能够产生教育作用的"氛围"，发挥出了"润物细无声"的功用。

3. 课程文化的建设

课程是学校教育的核心内容，也是学校教育思想、教学理念的集中体现，更是实现教育目标、支撑办学行为、促进学生全面发展的重要载体。学行教育的课程文化建设明确为学行课程文化：以人为本、学行兼备。重点是建设好"有学""有行"课程体系和"以学导学"的课堂教学模式，努力发挥益品课程群"益信、益品、益智、益行、益身"的教育作用，让学生终身受益，助力其全面发展。广益学校课程文化表现为建设独具特色的广益课程体系，其课程目标在于：全面实现高中教育培养目标，建立并完善能培养学生创新精神和实践能力，促进学生全面发展和个性发展，建设国际视野、精品多元、个性需求的课程体系，实施个性化学习，促进学生特长多样发展。课程结构在于：按照"整体构建、重点打造、逐步完善"的课程体系建设原则，以国家课程和精品校本课程为基本架构，整体统筹学校课程建设的推进和实施。整体建设"益信、益品、益智、益行、益身"五益课程。课程建设在于五大举措：校本化国家课程、特色化校史课程、个性化地域课程、多样化选修课程、系列化活动课程。课程实施在于：学校课程中心负责学校教研、科研、培训、课改等工作，实施"教研—科研—培训"一体化、"课题—课堂—课程"一体化，负责学校课程建设的整体推进、管理、开发和实施，以"教研—科研—培训"为手段，以课题研究为龙头，实施项目制，整体推进学校课程改革和课程体系建设。

4. 教学文化的建设

学校教育依据教学文化的促进和引领作用，在学行课程体系的实施过程中注重教学文化的建设。一方面是教师"以学导学"，课程实施以生为本，解读课标，研磨教材，设计学案，尊重学生个性发展，激发学生的学习主动性。学导课堂致力于改变传统的教学方式，改变学生的学习方式，在新课程实验中探索并提炼了"以学导学"课堂教学模式，即无学不导、以学定导、有学会导，以学情为起点的引导式自主学习，强调"学导"，而非"导学"。"学"即学生自主学习、合作学习、拓展学习，"导"即教师指导、引导和辅导。另一方面是学生学习以体验为本、思维为核、能力为重，培养学生主动学习、善于思考、踊跃表达、团队合作与乐于探究的能力。学导课堂为达到每堂课每个学生不同层次的提高和最大限度的发展，以"面向全体、关注差异、异步发展"为课堂理念，以差异教学理论和最近发展区理论为依据，以"三环九步"为操作流程，以教材《学与导》为载体和实施条件，以增值性评价为保障。

5. 学习文化的建设

学行教育的核心文化是学习文化，强调"学识和学力"。首先，重视学识的博学，开设语言与文学、数学、人文与社会、科学、技术、艺术、体育与健康、综合实践活动等八个学习领域的课程，重点培养学生的学识；其次，区分基础必修、拓展选修、特长专修三层课程，实行"为学"与"好学"的指导，把学的过程放到博学、审问、慎思、明辨、笃行的不同环节上；最后，对学的质量与效果进行多元评价、过程评价、综合评价，注重社会行为能力、合作能力、创造能力、管理能力和解决问题能力等学习力的提高。学习文化对于教师而言，一是实施高端校本培训模式，在常规校本培训基础上，制定高端校本培训方案，实行课堂教学模块、课程模块、教师专业发展模块等分模块校本培训模式，聘请中国教育科学研究院华国栋研究员为学校课堂改革顾问，委托中国教育科学研究院聘请12名课程教学论专家，实施了课堂教学模块高端校本培训，成效显著。二是实施"两翼并举"的主线科研模式，以重庆市教育科学规划课题"依托校本研修，提高课堂教学有效性的研究"和"普通高中校本选修课的组织与实施的研究"为龙头，两翼并举，带领广大教师开展实践研究，深入推进课堂教学改革和校本课程建设，取得明显成效："依托校本研修，提高课堂教学有效性的研究"课题研究成果获得重庆市第五届教育科学优秀成果一等奖；"普通高中校本选修课的组织与实施的研究"课题立项10多项校本课题，形成了校史课程、校友专家课程、地域课程等一系列特色课程。三是实施"分层分步"的主题教研模式，以学年为单位开展主题教研活动，2011年以编写《学与导》为主题，组织教师分开设计学案、导案，完成了各学科全部《学与导》的编写；2012年以课堂教学模式探索为主题，开展"展示与研讨"常态教研，形成"以学导学"学导模式；2013年以践行学导课堂为主题，开展同课异构，形成了学导课堂的完整体系。

6. 德育文化的建设

立德树人的关键在立德，学行教育重视立德文化的建设，把德育放到首位，提出"有行无学何以应物，有学无行何以立人"的教育思路，以师生的"品行和素养"为重点，结合百年广益的历史底蕴，围绕社会主义核心价值观和学校"一训三风"的文化内核开展德育文化建设。校长章显林主张德育文化建设要培养"广益人"的"增广学行，益国利民"理念，要把其内化于心，外化于行，在拓宽学识和修身立德过程中实现德育教育的目标。具体途径有：一是开设"思想品德、艺术修养、身心健康、学业水平、社会实践"课程，对学生进行"有行"课程的德育，如学校开设人生规划课程和责任感养成课程，帮助学生正确认识自我，把握自身优势以及性格特征，做到脚踏实地，树立益国利民的人生追求，侧重培养学生科学规划自己学业和生涯发展的能力。二是通过广益三宝"英语、足球、音乐"社团活动，开展学生的"他律"到"自律"的自我教育，依托校友会遴选知名校友专家学者开展文学修养、审美艺术、史学掠影、交通旅游、身心健康、经济发展、百年广益、文明礼仪、国际交流、医学卫生、航天科技等专题德育活动，以主题讲座和选修课堂的形式，循序渐进地教育、熏陶学生，实现"品行培养"的德育目标。三是利用开学典礼、重大纪念活动，以及学校组织参加的各类公益活动来开展学生的德育教育，如2017年春季开学典礼"寻南山文脉、忆百年校史、聚广益精神"主题活动，清明节登录中国文明网网站，开展"网上祭英烈"活动，科普大篷车宣讲活动等，帮助学生更好地融入德育氛围，以建设更为生活化、社会化、活动化的德育文化。

7. 校史文化的建设

校史是一个学校珍贵的精神财富和区别于其他学校的重要文化特征，是对学生进行文化影响，进行优秀传统教育的重要课程资源。广

校友会组织专家论证学校建校日

益中学建校时间经多位市内外专家学者、部分第九届校友会常务理事成员的20余篇论文旁征博引、据史立论，最终得出始建于1892年的结论。校友会副会长、初65级校友薛新力认为："建校时间本来是个微观问题，为什么要付出这么多心力去严格求证？因为它能折射出重庆教育史乃至这个城市发展史的宏观问题。"第九届校友会会长、高65级校友胡庭吉表示："弄清母校准确的建校日的愿望，就像一个孩子渴望知道自己母亲的生日是在哪天一样，学校就是母亲，作为儿子，我们要把母亲的岁数和她的一生过往探寻清楚。"重庆市教育文化研究会副会长李祖荣曾评价说："在重庆众多的中学里，广益中学属于为数不多的百年名校之一，深入研讨广益的生辰，至少有两点值得肯定，一是广益中学有着求实认真的科学态度，敬畏历史、尊重历史的责任意识；二是这里的专家校友客观、严谨的治史精神，严肃对待历史，尊重事实本源的态度值得赞扬。"如今，广益中学有128年校史和百年文脉，通过发掘校史资源，开发校本课程，是百年广益校园文化建设中的一大特色：学校开设校史文化课程，编写校史丛书《重庆广益中学120年办学史》，自办会刊《文峰塔之恋》等，校史文化成为学行教育的文化建设亮点。

120周年校庆上老校友表演节目

8. 校友文化的建设

学行教育重视培育校友文化，塑造校友品质，校友会设立校友奖学金，用于资助优秀在校学生，如2014年校友陈庆礽返回母校，将5万元感恩奖学金交到了文理科前三名的学子手中，2017年，学校有3位学生考上清华大学，陈老再次为他们颁发了6万元奖学金。校友会兴办会刊《文峰塔之恋》回忆当年广益生活、关注今日母校发展学校，依据发展的不同历史阶段，把128个春秋，用不同的文化主题，建校与名校、抗战与爱国、南山文峰与重点中学等，对学生进行知校爱校教育。校友会开设具有专业性、拓展性、改革性的专题报告与校史课程，主讲成人与成长专题报告等，如2014年4月，80岁高龄的中国科学院院士、49级校友李朝义就特地回校为"院士林"揭幕，李朝义院士与广益学子亲切交流"怎样才能当院士"的问题；再如退休前曾担任过四川省交通厅副厅长的陈庆礽校友，应邀回校主讲"交通与旅游"这一主题，每年为学生讲授4堂大课，内容囊括了中国的交通运输行业发展、旅游景点风情介绍，以及中国交通、旅游业在融和发展中的创新与实践。于是，校友成为广益学校文化建设的重要力量，成为传承文脉、不断开拓、继往开来的代言人。学校成立校友会到现在已选举校友会九届，先后200余位成员和40多位常务理事与学校进行了高频互动。2014年9月，时年63岁的初66级校友张仁希以个人名义出资，为母校捐赠了100棵银杏树苗，从此有了校友林的教育环境。校友会助推了学校的跨越式发展，拓展了学校文化的建设。如今，学校的知名校友先后有：政界要人——中共中央原政治局委员、全国人大常委会副委员长李锡铭，北京市原副市长陈介民，北京市政协原副主席李天授，成都市原副市长陈祖湘，南岸区原委书记曹均绵、区长胡庭吉、区人大常委会主任李常禄，航天英雄杨利伟原所在师师政委李文福等；文体精英——世界五连冠中国女排教练邓若曾，钢琴王子李云迪的恩师、四川音乐学院教授但昭义等；科学家——中科院院士、药理学家邹岗，中科院院士、脑智科学家李朝义，工程院院士、航天测控专家刘嘉兴，国家科技进步一等奖获得者谭民化，巴黎大学教授谭雪梅，莫斯科大学教授谭傲霜，北京大学教授、中国中学生数学奥林匹克队五夺金牌的总教练、新中国的第一个理学博士张筑生等；革命先烈——辛亥"革命军中马前卒"邹容，红岩英烈王朴等。

9. 名师文化的建设

笔者在学校整体发展与教师专业发展关系上，主张"教师是教育教学工作中的第一生产力，一所学校要想开创师道中兴的教育格局，必将把锤炼师能放在首位"。学行教育着力于建设一支"乐于奉献，执着实干，追求教育真谛，有着共同奋进目标"的教师团队。采取"走出去、引进来"方式，以不断精进、不断超越、不断思考，不放弃对任何小事的执着追求为名师文化建设的要求，围绕"主题教研"，提升教师业务能力，通过"骨干教师工作坊"，引领学科骨干教师发展。充分鼓励教师开展研究工作，申报市、区级课题，以课题研究促进自己专业成长，并将教师在教育教学中的反思和心得提炼成论文，进行发表和出版。由此，培养了大批的知名校友，如党和国家领导人中共中央原政治局委员、全国人大常委会副委员长李锡铭，中国科学院院士、脑智科学首席科学家李朝义，中国科学院院士、药理学教授邹冈，中国科学院院士、土壤科学家赵其国，中国工程院院士、测控及雷达专家刘嘉兴，全国人大常务委员会委员、中国社科院学部委员、法律专家、《物权法》起草者王家福等。借助知名校友开展学生热爱科学技术、热爱文学艺术、热爱社会主义事业等文化育人的教育，是学行教育文化建设的又一特色。如今，广益中学有名师文化墙，有正高级1人，高级教师56人，中级教师47人，研究生学历3人，重庆市骨干教师6人，南岸区骨干教师25人，被评为国家级先进教师1人，重庆市先进教师10人，区级先进和受表彰的教师达68人次。

10. 中西文化建设

国际理解教育的理念日渐成为中国教育界的潮流，作为西南地区中西文化交流的发源地之一的广益中学，自1892年建校，就以"教会学校"的特殊身份拥有厚重的中西文化底色。一是老校门前，石刻的英文校名"Friends High School"至今清晰可见，这里的"Friends"已经超越了"朋友"的含义，意为友好、和谐、朋友般的学校。二是学校一直以来都把中西文化交流作为校园文化建设的主要内容，发展和创新学校文化，特别是在2007年成为重庆市重点中学之后，学校主动摸索国际化教育体系，借助友好学校、国际组织合作、各种项目活动等平台，增强校际交流，拓宽了师生的国际视野，增进了师生的国际情怀，提高了师生的文化视野。三是以学校的足球、音乐、外语"三宝"活动为载体，开展国际交流，以足球会友，多次同英、法舰队足球队切磋球技、增进情谊。四是2006年10月学校同塞夫顿地区凤拜中学签订了《教育友好合作意向书》，双方结成教育友好合作单位，并接待了凤拜中学校长布莱恩先生在学校为期一周的交流访问，得到了英方代表团的高度评价。五是2011年11月校长章显林出访英国，为多所友好学校带去了中国中学教育的现代理念与中国传统文化的精彩元素，为"百年广益"的可持续发展谋得了更为广泛的国际资源。六是开展多方面的国际教育之间的交流活动，如2012年6月15日，英国大使馆驻华公使Chris Wood（胡克定）先生、英国总领事馆文化教育处文化教育领事Paula Middleton（米博娜）女士一行莅临广益中学，不仅零距离了解了广益中学"梦想与团队"项目的开展情况，还全面而深入地走进中国课堂，与孩子们亲切对话，切身感悟到了中国学生的综合素养与精神面貌；再如2012年11月，时任广益中学副校长姚灵莉跟随重庆市教委国际交流中心副秘书长傅明华，代表学校回访了美国萨基诺山谷州立大学教育代表团，参观了包括中小学、幼儿园、高级职业院校在内的15所学校，与当地社区主任、学校领导、师生进行了交流，达成了持续两年的双方师生互访交流项目。近年来，学校在中西文化交流上已经开启了"深度融合"模式，连续开展英语文化节，承办多届中国高中生美式英语辩论赛重庆地区赛事，参与中央电视台英语风采大赛全国总决赛与世界机器人大赛，乃至开展跨越国界的同课异构教学活动……在常态化、多元化的中西文化活动中，教育成为一种对话，不仅与中国人、今人对话，而且与外国人、后人对话，这就是走向世界和未来的中西文化建设。

11. 学校文化标识的建设

学校文化建设的行为识别系统主要反映在学校的校徽、校刊、校赋、校歌等载体建设上。广益中学的校徽建设，主要以校址所在的文峰塔为设计构想，再加以双手护住的方式作为设计主体，释义师生不忘广益精神，下方有校名"广益"二字和其建校的时间"1892"。广益中学的校刊建设，学校办有校刊《展望》，校报《文峰》和各类专题的黑板报、学生各类手抄报等。广益中学校赋建设，由知名诗赋家薛新力2014年元月修改完成《广益中学赋》。广益中学校歌建设，目前主要围绕广益精神，倡导学校的主体教育。

第十篇　学行教育的科学发展

科学发展是中国特色社会主义教育的重要发展途径，学行教育在"创新、协调、绿色、开放、共享"新时代发展理念的引领下，坚持社会主义核心价值观，全面贯彻党的教育方针，以立德树人为办学宗旨，秉承"增广学行，益国利民"的办学理念，抓住教育深化改革的发展机遇，准确定位学校发展的愿景和目标，强化学校内涵发展能力，不断提高教育教学质量，在传承学校百年文化和不断开拓创新的过程中，有效提升学校办学品质。

一、学行教育发展的科学思想

1. 科学发展观

科学发展观是中国特色社会主义理论中的重要基础理论，它主张发展是执政兴国第一要务，发展才是硬道理，发展需要"坚持以人为本，全面、协调、可持续的发展"。科学发展观的核心是以人为本，基本要求是全面协调可持续发展，根本方法是统筹兼顾。"以人为本"是把人民的根本利益作为一切工作的出发点和落脚点，是发挥人民首创精神，促进人的全面发展。"全面协调可持续发展"是按照发展目标，全面推进经济建设、政治建设、文化建设、社会建设，促进现代化建设各个环节、各个方面相协调，促进生产关系与生产力、上层建筑与经济基础相协调。统筹兼顾是正确认识和妥善处理中国特色社会主义事业中的重大关系，统筹个人利益和集体利益、局部利益和整体利益、当前利益和长远利益，充分调动各方面积极性。既要总揽全局、统筹规划，又要抓住牵动全局的主要工作、事关群众利益的突出问题，着力推进、重点突破。

学行教育的科学发展观是：坚持社会主义核心价值观，全面贯彻党的教育方针，经过几年的努力，把学校办成文化凝聚力卓越、质量加速增长的巴渝名校。具体表现为：育人为本、内涵优先、文化创新、发展加速、质量提高几个方面的科学发展。

2. 科学发展理论

科学是对于客观世界的认识与内在规律把握的知识体系或思想体系，科学理论则是对某一科学领域所作的系统解释的知识体系，由系列性的概念、判断和推理所组成。科学发展理论是对于客观世界与人类主观世界变化发展的"内因与外因、全面与重点、结构与功能"等方面的认识体系或理论知识体系。如关于生物变化发展的进化论，关于社会发展的马克思主义理论，关于人类心理发展的认知心理学理论，关于教育深化改革的课程体系建设的理论等。

学行教育科学发展理论有三个方面：

——人本理论。以人为本，以学生的发展为本，以学生的主动学习能力培养为本，创建学导式课堂教学模式，就是转变学生的学习方式和发展方式，以及在人本理论的指导下不断完善学生的课堂学业质量评价改革。

——协同理论。学行教育的"十三五"规划中提出协同增效的管理共治，把管理协同作为发展的重要决策，从组织配套、学段协同、体制协同、质量协同、技术配套几个方面对学校发展进行协同共治。

——课程理论。学行教育重视人文环境育人、校史育人和课程育人，把增强文化凝聚力作为重要的发展对策，深度挖掘学校与班级文化、课程与教研文化对学校质量的独特影响，做特色英语、足球和艺术传统"三宝"课程，拓展"院士课程"，增加校际联盟，扩展学校文化影响力。

二、学行教育发展的科学决策

1. 科学决策

科学决策是一种理性的决策，指在科学的决策理论指导下，以科学的思维方式，应用各种科学的分析手段与方法，按照科学的决策程序进行的符合客观实际的决策活动。科学决策具有程序性、创造性、择优性、指导性，是一个提出问题、分析问题、解决问题的完整的动态过程。

学行教育的科学发展，首先来自科学决策。学校对于学行教育所依赖的丰富的校园文化进行了系统的分析，表现出三点：一是办学有"增广学行，益国利民"的明确的教育认识和教育理想，学行教育要培养的人是有学有行、具有学行素养的建设者和接班人，能够做到学行兼备、行远自迩、登高自卑。二是百年校史积淀了中华传统优秀的"知行合一，学思结合，学做结合"文化内涵，同时也融汇了近代的抗战文化、校友文化等，是学行教育丰厚的科学发展基础。三是深化教育改革落实立德树人根本任务，关键在课程体系建设，学行教育整体上构建学行课程体系，把培养学生核心素养的课程作为主体，把"五益"课程、校史课程、名师课程等作为校本化、特色化课程，特别是注重德育主体教育化实践活动的开展，是学校落实立德树人根本任务的重要途径。

2. 科学思维

科学思维是指正确认识客观世界所具有的思辨模式和认识方法，具有客观性、精确性、可检验性、预见性和普适性等思维特点。科学思维不同于一般的思维，科学思维是创新、开放、理性、人本、辩证、求真的思维。因此科学思维对于科学发展，特别是科学决策起着十分关键的作用。战略流程是：

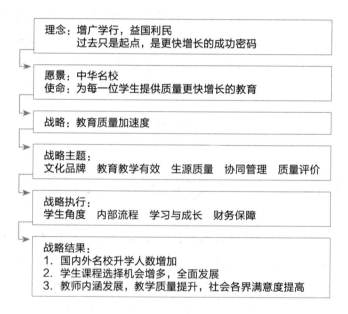

理念：增广学行，益国利民
　　　过去只是起点，是更快增长的成功密码

愿景：中华名校
使命：为每一位学生提供质量更快增长的教育

战略：教育质量加速度

战略主题：
文化品牌　教育教学有效　生源质量　协同管理　质量评价

战略执行：
学生角度　内部流程　学习与成长　财务保障

战略结果：
1. 国内外名校升学人数增加
2. 学生课程选择机会增多，全面发展
3. 教师内涵发展，教学质量提升，社会各界满意度提高

学行教育的科学思维主要表现为四个方面：

——创新思维。学校《改革与发展"十三五"规划》中提出：坚持"一个传统"，实现"三个转向"，努力从质量观念、工作机制、组织结构、信息工具等方面入手探索创新，以改革创新的新成果，增强学校办学活力和实力，增强对社会的影响力，最终实现"幸福每一个孩子"的教育理想思维。

——人本思维。学行教育把促进人的全面发展、适应社会需要作为衡量学校教育质量的根本标准。把握学校发展的阶段性特征，以整体性、增长性、独特性的学校质量特征，实践"人人皆有进步、处处都有动力，时时都要超越"的质量发展策略。

——求真思维。学校《改革与发展"十三五"规划》中提出丰富学校"增广学行，益国利民"的办学理念，把质量起点不高但不放弃追求高远理想的理念，转化成为实现高远理想而加速发展的理念；深度挖掘学校与班级文化、课程与教研文化对学校质量的独特影响；做特色英语、足球和艺术传统"三宝"课程，拓展"院士课程"，增加校际联盟，扩展学校文化影响力。

——开放思维。在学行教育的多方一体化战略中，学校提出国际化战略，主张学习借鉴国外先进的教育经验，把握教育国际化战略的目标定位，探寻新的教育市场，充分利用"英语"特色课程的交流平台，开设国际化的课程。

三、学行教育发展的科学思路

中国特色社会主义提出的科学发展理论，是关于中国社会的全面发展、协调发展、可持续发展的理论。依据中国特色社会主义的科学发展理论，学行教育制定了学校办学总目标是：办人民满意的教育。中长期的学校发展目标是争取在几年内把学校办成"理念先进、特色鲜明、管理科学、质量优异、团队优秀"的具有较强辐射性和示范性的巴渝名校。明确了"秉承传统、注重创新、突出特色、和谐发展"的办学思想以及"爱国爱校、治学严谨、尊师勤学、文明活泼"的办学传统。

——理念先进。学校把"增广学行，益国利民"作为办学理念，意指师生增长学问，完善品行，不断发展成长，加强社会主义核心价值观教育，完善中华优秀传统文化教育，注重学生知识、道德和能力的培养，促进教师学识和德行方面的专业发展，增强学生社会责任感、创新精神和实践能力，使师生在立身处世、做人做事等方面有利于国家和人民。

——特色鲜明。2017年学校再次提出了办特色学校的目标，让"特色"承载起百年老校再展雄风铺路的重任。特色鲜明的办学中，明确了以"德育特色"为突破口，促进艺体特色发展的办学思路。为了抓好德育特色，学校成立了以校长、书记牵头的德育领导小组，并于1995年初订出了《重庆市广益中学实施德育特色的试行意见》，统一规划，并提出了以建设特色德育基地为基础，以"知校、爱校、兴校"系列活动为主线，以文明礼仪建设为重点，以争创区、市文明礼仪示范学校为目标的特色德育实施方案。综观广益百余年的办学特色，可以看到一条清晰的发展轨迹，1951年人民政府接管前，办学特色是英语和足球。1951年人民政府接管后至1994年百年校庆，办学特色是足球和美术。1994年百年校庆后至今，办学特色是体艺（美术更突出）。

——管理科学。学校发展充分发挥人的主观能动性，把教师的教学能力提高与课程建设能力提高作为重点，把学校的自主激励管理机制的建立，以及学生主动教育、主动学习、核心素养的培养目标的实现作为管理的最终目标，改革评价体系和建立学生学业质量标准，学校内部进行结构性改革，鼓励和支持教师参与各类主题教研，参与科研课题研究，提高学术水平，具体践行学校的办学理念与学行教育的文化建设，实现学校的"学形兼备，有学有行，知行合一"的学行教育校本化。

——质量优异。学行教育树立以"提高质量"为核心的教育发展观和注重教育内涵发展，鼓励学校"办出特色、办出水平，出名师、育英才"的质量发展观。质量优异是把促进人的全面发展、适应社会需要作为衡量学校教育质量的根本标准，把握学校发展的阶段性特征，以整体性、增长性、独特性的学校质量特征，实践"人人皆有进步、处处都有动力，时时都要超越"的质量发展。

——团队优秀。学行教育立足学行教师队伍建设，把学行教师的常态教学行为规范、学行教师个体的学行课程建设能力、学行教师的校本研修与名师培养、学行教师的创新发展潜力开发、学行教师的学术表达能力提高等作为教师队伍的总体发展目标，努力提高教师更高级、更有效的核心竞争力，着力建设好学行教育的学科团队、年级团队、教改科研团队、德育团队，培养一批具有支撑作用、团队合作效果显著的高水平团队。

四、学行教育发展的科学理想

1. 科学理想

科学理想是符合事物发展规律、切实可行的、有实现价值与实现现实的理想，它建立在正确的理论和客观现实基础之上，是对已有社会现实的一种超前性认识和预见，包括生活理想、职业理想、道德理想和社会理想等。科学发展的最高境界是有科学理想，并能用理想的激励力量去组织、计划、协调、实践、实现理想目标。

学行教育经过数年的理性思考与实践，积累形成了有教育理想价值和教育现实意义的丰富内容。归纳学行教育的理性思考与实践，其重要的理想价值内容有以下的几个方面：

——"增广学行，益国利民"的教育理想。学行教育把"增广学行，益国利民"作为办学理念，意指学行教育要把师生增长学问，完善品行，不断发展成长，加强社会主义核心价值观，完善中华优秀传统文化教育放到理想追求上。同时，学行教育还要注重学生知识、道德和能力的培养，促进教师学识和德行等方面的专业发展，增强学生社会责任感、创新精神、实践能力，使师生在立身处世、做人做事等方面有利于国家和人民。

——"行远自迩，登高自卑"人生理想。学行教育强调人生要树立远大理想，同时也要有脚踏实地的务实精神。当人生取得比较显著的成就时，人需要自我审视，需要有由近及远、由低到高、万丈高楼从地起的扎实做起的精神。人生理想的核心在于：关注基础教育在人生发展中的重要地位和作用，把学习远大志向同扎实的基础知识、学习能力的培养结合起来，做到知行合一。

——"应物立人，明体达用"的职业理想。"应物立人"是指顺应事物本身的发展，立人是指立身做人和培养造就人；"明体达用"是指明确事物发展的根本和主体，充分发挥事物的实用价值和功能。作为教育从业者，需要教师了解学生身心发展的规律，重视学生的主体发展根本所在，充分发挥教师的促进与关爱作用，培养和造就"四有"新人。

——"学行兼备，有学有行"的修养理想。"学形兼备"是指知行具备，知行结合，知行统一，知行合一，知中有行，行中有知，以知为行，知决定行；"有学有行"是指学生的培养要做到"学识和学力、品行和素养"的有学有行结合，确保学生的全面、协调、可持续发展。"学行兼备，有学有行"是中国人"正心、格物、致知、修身、齐家、治国、平天下"人生成长修养理想的体现。

——"中华名校"的办学理想。"学行教育特色"是指以学行教育文化建设为导向，以学行教育培养学生终身学行素养为目标，以"学行"课程、校史、名师、"三宝"等校本特色课程育人，学导式课堂教学培养人，学行主体德育影响人，以学行管理协同治校的特色。"享誉巴渝名校"是把学校办成传承百年文化，不断开拓创新，有学行教育办学品质，有学行教育内涵发展能力，教育教学质量不断提高的重庆市级以上的名校。

2. 科学远景

远景是一种远大的设想与美好的图式，在电影艺术中宜于表现规模浩大的人物活动及画面。科学远景主要是依据科学发展的原理与方法，对于人和事物发展进行远大的设想、美好明天图式的描绘。科学远景的表现方式多采用"规划、纲要、意见"等文本的方式，也可以是科学幻想的"虚构、假设、扩充"等方式。

——人文管理。学行教育的科学发展，必然需要有科学的远景。学行教育设想在中国特色的教育之路上，走出一条学行教育的特色育人之路；设想在中国特色的校园文化建设体系中，能以学行文化立校，学行文化引领学行课程体系建设；设想在众多的基础教育深化改革中，以学行教育的改革思想与改革思路，践行社会主义核心价值观，传承百年校史文化精髓，开展好高中为主体的学校教育改革，构建起适合学行教育特色办学的学校管理体系。

——学行素养。学行教育的科学发展，在科学远景的图式上表现为：学行教育的文化建设取得丰硕的成果；学行教育的思想与实践做到了学行兼备、知行合一；学行教育培养的人才是有学行素养，具备适应未来社会发展能力的"四有"新人；学行教育的特色充分彰显，学行教育理想追求后继有人。

3. 文化创新

学校在《改革与发展"十三五"规划》中明确提出"文化再创新"的文化建设要求，把文化建设的改革创新作为学校首要的教改科研实践。文化立校是学行教育的根基所在，有着百年办学历史的广益中学校，以其独有的人文魅力和教育思想，积淀了深厚的文化底蕴，形成了"爱国爱校、治学严谨、尊师勤学、文明活泼"的优良文化传统，在新的教育发展中，文化立校将不断地与时俱进。

——文化创新目标。进一步诠释学校办学理念，把"每个孩子的成长都上一个台阶"的新价值观和"更高、更快、更强"的精神注入"行远自迩，登高自卑"的校训所承载的学校精神里面。总体的目标在于增强文化凝聚力。具体落实的目标是：把学校文化与学校质量联系起来，持续积淀有百年传承的学校文化个性优势资源，丰富学校"增广学行，益国利民"的办学理念，把质量起点不高但不放弃追求高远理想的理念，转化成为实现高远理想而加速发展的理念；深度挖掘学校与班级文化、课程与教研文化对学校质量的独特影响；做特色英语、足球和艺术传统"三宝"课程，拓展"院士课程"，增加校际联盟，扩展学校文化影响力。

——文化创新设计。坚持"一个传统"，即坚守学校文化个性，延续学校的成功基因，包括学校的传统精神文化、质量提升的成功策略和传统的特色课程。实现"三个转向"，即从规模发展转向质量发展、从粗放式发展转向精细式发展、从同质发展转向特色发展。努力从质量观念、工作机制、组织结构、信息工具等方面入手探索创新，以改革创新的新成果，增强学校办学活力和实力，增强学校对社会的影响力。

——文化创新内容。学行教育文化建设的教改科研实践主题是聚焦文化引力。具体实践：一是发展"行远自迩，登高自卑"文化理念，丰富其文化内涵，着力"持续增长，更高、更快、更强"的发展理念，既增强学校文化的内部凝聚力，又扩大学校文化的对外渗透力。二是以人为本，善待每一位教职工，提高教职工的幸福人生指数，提高教师的专业话语权。三是学校效率文化逐渐融合个性创新、共同参与的文化，改进学校文化的适应性；提高学校战略、结构和策略的一致性，提高学校的文化效用。四是融通学校管理、班级文化、课程文化、教研文化等具体领域的文化，发挥学校文化的牵引作用。扩大学校开放、互动和交流，增强学校文化自信。

——文化创新途径。一是德育为先的自主育人途径，把塑造学生成长特质、主体体验式德育、构建德育课程体系、完善评价激励机制等作为德育文化创新重点完成的实践任务。二是课程教学的有效变革，把课堂教学有效、课程实施增效、课程评价有效等作为课程创新建设重点完成的实践任务。三是协同增效的管理途径，把管理协同、多方一体化、生源构成改善、教科研校本化等作为管理文化创新重点完成的任务。四是质量改进的多维评价途径，把质量模型和标准建立、质量过程的评价、质量增值的评价等作为学校评价创新建设重点完成的实践任务。五是教师成长的机制激励途径，把提高教师整体能力、改革教师用人体制、提升教师专业责任、激励教师专业精神、建设学术支持团队等作为教师文化创新重点完成的实践任务。六是共享平台的信息互通途径，把设计组织运行"战略地图"、构建多边交互"平台战略"等作为对外展示的文化创新重点完成的实践任务。

附　录

重庆市广益中学章程

　　2016年5月4日，经第八届第三次教职工代表大会讨论，2016年9月16日，经校务委员会审定，2017年4月11日，经南岸区教育委员会核准。

序　言

　　重庆市广益中学校，是一所有悠久办学历史的学校。1892年2月15日由英国伦敦基督教公谊会创办，校名先后称为广益书院、广益学堂，校址也几经迁徙，1904年由下都邮街迁往巴县崇文里，即现址南岸区黄桷垭文峰段78号，更名为广益中学。120余年来，校友遍及海内外，办学硕果累累。

　　1928年，学校与英国伦敦基督教公谊会脱离关系，由国人杨芳龄接办，改制为重庆市私立广益中学校。同年，四川省政府委员、川东军阀刘湘亲赠学校"江巴学校之冠"匾额。1949年11月30日，重庆解放，广益中学升起了重庆市第一面五星红旗。1951年由四川省重庆市人民政府接管，更名为四川省重庆第五中学校。1960年凉风垭中学撤销并入。1992年，恢复校名为四川省重庆市广益中学校。1997年重庆市直辖后，更名为重庆市广益中学校。同年，毗邻的重庆四中改制，广益吸纳了原重庆四中的大多数教职工和学生，扩大了学校规模。

2001年5月，学校经重庆市教委批准成为重庆市联招学校。2004年，学校吸纳涂山中学并继续扩大规模。2007年进入重庆市重点中学行列，是重庆市第一批市级"文明礼仪示范学校"、重庆市"安全文明校园"，南岸区首批"示范学校"。

广益中学是一所有自己办学特色，并与时俱进的学校。1951年人民政府接管前，英语和足球曾是学校两大办学特色。由于学校初为教会兴办，主持教务的是英国人，学生与英国人经常接触，耳濡目染对英语产生了浓厚兴趣。后为私立学校，校长杨芳龄毕业于英国伯明翰大学，英语功底深厚，尤重英语教学。学生高中毕业，即可通读英文版《莎士比亚全集》，能流利地用英语对话。

1904年，时任校长的陶维义先生，曾是英国皇家足球二队中锋。他携带第一个足球入川，学校于1905年就建起了西南第一个标准足球场，1907年组成了首支有球服、球鞋的正规足球队，广泛开展了足球运动。重庆市足协在编写《重庆足球史》时，经考证，得出了"重庆现代足球运动，始于广益中学"的结论。杨芳龄接任校长后，重视、热爱足球运动热情不减，学校足球水平长盛不衰，校队打遍重庆市中学无敌手，多次击败英、法舰队水兵队而名声大噪。1933年，校队以7：0大胜英舰福康号足球队，为此，该舰将舰上一铜钟赠送学校，一直沿用至今。1937年广益中学获重庆市第一届运动会中学部足球冠军，校队多名队员代表四川队、华西五省队参加全国运动会，全国足球赛、川东片区赛等赛事。

1951年政府接管广益后，一直到20世纪90年代中期，足球仍是一大办学特色。足球运动班有班队、校有校队，定期举行校内比赛，并邀市内大专院校来校进行比赛。50年代初在市中学生足球运动中多次夺冠，曾获市运会"国防杯"赛冠军。60年代初至70年代初一直保持市中学系统第二、三名。1982年获南岸区"希望杯"赛冠军，市"希望杯"赛第三名。鲜世昌、王家训、马鼎揩（中国足球名宿马明宇之父）、朱德近、陈应君等数十人先后被选进四川省足球队。六七十年代的体育教师、足球教练马培滋是载入《重庆足球史》的著名教练之一。1985年、1986年、1987年校女子足球队均获重庆市女子足球赛冠军,获三连冠永久奖杯一座。学校还被确定为"全国青少年校园足球活动布局学校""重庆市南岸区青少年儿童体育运动学校"。

在继承了足球传统特色的同时,学校美术特色凸现。著名国画家杨济川、佘雪曼曾在校任教美术,20世纪80年代毕业生傅贻在瑞士举办个人工笔画展引起轰动,其中一幅花卉作品被法国选作邮票图案发行,学生王琳的国画《快乐森林》选送四川省儿童画展、《小猴摘苹果》获省二等奖、1984年《这位大叔真有趣》选送法国获优秀奖、《幸子的爸爸我们希望见到您》选送日本广岛展出。自2000年以来,高考艺体上线人数多年来一直居南岸区第一位。音乐方面,学校长期组织合唱团、乐器兴趣小组,使有音乐天赋的同学饱受教益。

1994年以来,学校明确了以德育特色为突破口,促进艺体特色发展的办学思路。1995年初,学校订出了《重庆市广益中学实施德育特色的试行意见》,并提出了以争创区、市文明礼仪示范学校为目标的特色德育实施方案。多年来,学校在德育工作、艺术教育等方面不断取得新的突破。

广益中学是一所有优美宜人学习环境的学校。学校占地78404平方米(约117亩),森林覆盖面积约60%。学校坐南山之巅,位古塔之下,傍黄桷古道,环抱在青山中,掩映在绿树里,空气清新,可眺渝中美景,使人心旷神怡。春来秋至时节,鸟鸣树梢,花香扑鼻。塔影、古道、松涛与琅琅读书声,演奏着人与自然的和谐乐章。"校园亦花园",益智、益情、益身心,是广益中学教育工作者对环境育人的最高追求。校园内的人文景观亦精雕细琢,巧妙天成。小桥流水、清波碧浪、回廊花架、灯饰典雅、古钟悠响、清雅宜学。既有现代化的教学大楼,又有历史悠久的古建筑,沧桑古朴的民主走廊、庄严古老的石门,斑驳古旧的铜钟,形成了传统与现代有机结合的园林式的校园格局。

　　近年来，区委、区政府、区教委投入了大量资金，使古老的学校焕发出现代的风姿。学校现在拥有广益中学校本部、文峰两个校区，按照重点中学标准，不断增添多媒体教室、微机室、语音室、阅览室和理化生实验室等功能室及其辅助设备；公寓式的学生宿舍，设施齐全，安全，方便；建成了校园网，现代教育教学设备配置到教室，初步实现了设施设备的现代化。

　　广益中学是一所有自己发展愿景的学校。120余年厚重的办学历史，广益中学明确了"秉承传统、注重创新、突出特色、和谐发展"的办学思想和"爱国爱校、治学严谨、尊师勤学、文明活泼"的办学传统，我们将在"增广学行，益国利民"的办学理念下，以"人文校园"建设为载体，以建设"高格调、高水平、高质量"的校园文化为核心，通过挖掘、提炼百年厚重的办学历史，打造现代与历史融合的校园环境，孕育师生感恩文化，开展丰富多彩的特色育人活动，精心打造"凝百年文化底蕴，铸人文教育品牌"的人文广益，成为名副其实、名贯巴渝的历史文化名校。

第一章　总则

　　第一条　为贯彻国家教育方针，坚持依法治校，保障学校、教师和学生的合法权益，全面提高办学质量，根据《中华人民共和国教育法》《中华人民共和国义务教育法》《中华人民共和国教师法》《中华人民共和国未成年人保护法》等法律法规，立足于本校的发展基础和办学传统，制定本章程。

　　第二条　学校名称为重庆市广益中学校。英文名称为"Friends High School"，英文缩写为"FHS"。

　　第三条　学校法定住所地为重庆市南岸区黄桷垭文峰段78号，设有广益本部校区和文峰校区。

　　官方网址：http：//www.cqgyzx.com/

　　第四条　学校由重庆市南岸区人民政府举办，由重庆市南岸区教育委员会主管，经重庆市南岸区事业单位登记管理局登记批准，是具有独立法人资格的办学机构，独立承担民事责任。

第五条 学校属公益一类事业单位，为六年制完全中学教育的全日制公办教育机构。

第六条 学校坚持国家教育方针，坚持教育发展规律，坚持社会主义办学方向，坚持立德树人，注重学生全面而有个性的成长。

第七条 学校以"管理科学、特色鲜明、质量领先、中华名校"为发展目标，以"行远自迩，登高自卑"为校训，以"应物立人，明体达用"为校风，以"高山仰止，景行行止"为教风，以"知行合一，学至于行"为学风；以每年2月15日为建校庆祝日，以文峰塔图案为校徽，以《广益之恋》为校歌。

第二章 人事管理

第八条 学校实行教职工与年级、部门双向选择的聘任机制，以实现人力资源的优化组合，尽可能让教职工找到适合的岗位。校长通过校务委员会确定各年级、各部门的编制，确定各年级、各部门相应的薪酬总量，确定双向选择的相关规定。

第九条 招聘编制内优秀教师，按上级有关规定办理。招聘编制外优秀教师，由校务委员会（或行政办公会）研究制定入职条件、程序和结果。新入职教职工的聘任必须通过简历筛选、试讲或职业能力测试、学术委员会面试以及校务委员会面试四个独立操作、互不干涉的环节方可入职。

第十条 学校坚持按劳分配、按岗取酬、绩优酬高、薪随岗变的分配原则。

第三章 学校成员

第十一条 学校教职工包括专业技术人员、管理人员和工勤人员等。

第十二条 学校教职工依法享有下列权利：

（一）依据工作职责公平合理使用公共资源；

（二）公平获得职业发展所需的条件和机会；

（三）在品德、能力、业绩等方面获得公正评价；

（四）依法享受薪酬、保险及休假等福利待遇；

（五）知悉学校改革、建设、发展的重大事项，对学校工作发表意见、进行评议，参与民主管理；

（六）就职责权利、聘用、晋升、福利待遇、奖惩等事项处理不当进行投诉、申诉；

（七）法律法规、学校规章和合同规定的其他权利。

第十三条 教职工依法应当履行下列义务：

（一）遵守法律法规、职业道德规范、学校章程及规章制度，为人师表，忠诚于人民教育事业；

（二）贯彻国家教育方针，执行学校工作计划，履行教师聘约和岗位职责，完成教育教学工作任务；

（三）对学生进行思想品德教育以及文化知识教育，组织、带领学生开展有益的社会活动；

（四）指导、评价学生的学业；弘扬爱心与责任感，关心、爱护全体学生，尊重学生人格，促进学生在德、智、体、美等方面的全面发展；

（五）制止有害于学生的行为或者其他侵犯学生合法权利的行为，批评和抵制有害于学生健康成长的现象；

（六）践行以生为本理念，终身学习，与时俱进，不断提升育人水平；

（七）弘扬良好的校风，建立良好的教风，珍惜和维护学校声誉，维护学校利益，维护学校安全、稳定和团结；

（八）法律法规、学校规章和合同规定的其他义务。

第十四条 学校每年对教职工的德、能、勤、绩进行全面、客观、公正的考核和评价。教师和职工在教育教学、培养人才、科学研究、学校建设、服务师生等方面成绩显著或有突出贡献，学校给予表彰和奖励。

第十五条 学校执行国家教师资格制度和教师专业技术职务聘任制度，实行全员聘任制和校内结构工资制。编制内教职工享有国家规定的住房公积金、养老保险和医疗保险等福利待遇；编制外教职工享有合同约定的工资和福利待遇。

第十六条 学校鼓励、支持教师开展教育教学改革和试验，鼓励教师从事教育科学研究、学术交流和参加进修或其他方式的培训。

第十七条 学校教职工必须认真贯彻执行国家的教育法律法规，特别是要按照《中华人民共和国未成年人保护法》和《中华人民共和国预防未成年人犯罪法》的规定，坚持科学育人，切实维护未成年人的合法权益并做好预防在校学生违法犯罪。

第十八条 学校对违反学校有关规章制度的教职工给予教育、批评和处罚。教职工对所受处罚不服者，可按规定提出申诉，学校工会负责受理申诉事项。

学校建立教职工申诉机制，成立教职工仲裁申诉委员会，明确受理教职工申诉的部门和程序，保障教职工的合法权益。教代会对教职工仲裁申诉委员会的工作进行指导和监督。同时关心、落实离退休教职工的政治经济待遇。

第十九条 学校教职工对学校教育、教学、管理工作有权提出意见和建议。

第二十条 学校依法维护离退休教职工的合法权益，由学校办公室具体负责离退休教职工的管理工作。

第二十一条 学生是指取得学校入学资格、具有本校学籍或者履行正常转学手续进入学校学习的受教育者。

学校按照教育行政部门颁布的规定管理学生学籍。凡是按照招生规定正常录取或按正常手续转入本校学习的学生，即取得本校学籍。

第二十二条 学生在校期间依法享有下列权利:

(一)参与学校组织的各种教育教学活动,使用学校提供的教育教学资源;

(二)参与学校和班级民主管理与监督,评议学校工作和教师的教育教学工作;

(三)按照国家有关规定获得奖学金、助学金;

(四)在品行和学业成绩上获得公正评价,完成规定的学业后获得相应的学业证书;

(五)对学校给予的处分或处理有异议,对学校、教职工侵犯其受教育权、人身权、财产权等合法权益的行为,依法提出申诉或提起诉讼;

(六)法律法规和学校规定的其他权利。

第二十三条 学生在校期间依法应当履行下列义务:

(一)遵守法律法规,遵守《中小学生守则》,遵守学校章程及规章制度,遵守公共秩序和学生行为规范要求;

(二)尊师爱校,团结同学,参加集体活动,促进身心健康,养成良好品行;

(三)努力学习,完成规定的学习任务;

(四)承担在学生自治活动中当选职务的相应职责;

(五)爱护学校提供的教育教学资源和公共设施;

(六)弘扬良好的校风,建立良好的学风,珍惜和维护学校声誉,维护学校利益,维护学校安全、稳定和团结;

(七)法律法规和学校规定的其他义务。

第二十四条 学校建立学生表彰奖惩机制,对德智体美等方面表现突出或进步显著的学生,予以表彰和奖励;对违反校纪校规的学生,学校视情节轻重,可给予相应处分,限期内改正错误的,学生可申请撤销处分。

第二十五条 学校健全学生成长成才的服务支持系统,完善学生权益保障机制，为学生提供良好的学习环境，充分保障学生行使合法权利，促进学生履行自身义务，支持学生团体自主活动和管理。

第二十六条　学校建立学生资助体系，保障学生不因家庭经济困难影响学业，为在学习和生活中遇到其他特殊困难的学生提供必要的帮助。

第二十七条　学校建立学生申诉机制，成立学生仲裁申诉委员会，明确受理学生申诉的部门和程序，保障学生的合法权益。校团委对学生仲裁申诉委员会的工作进行指导和监督。

第四章　治理结构

第二十八条　学校实行校长负责制，由南岸区教委任免。校长是学校的法定代表人，对外代表学校，主持学校全面工作。学校党支部发挥政治核心作用，教职工通过教职工代表大会参与学校的民主管理。稳定工作是校长的职责。

第二十九条　校长依法行使下列主要职权：

（一）按照校长负责制有关规定，行使对学校教育教学和行政管理的决策和指挥权。

（二）组织制定学校章程、制度、发展规划、工作计划，并负责组织实施、检查和评价。

（三）根据政府有关部门以及教育行政部门规定，结合学校工作需要，按照精简高效原则，决定学校内部机构和岗位设置、中层干部的选拔任用和岗位管理等。

（四）根据政府有关部门以及教育行政部门规定，结合本校实际，制订教职工岗位责任制、绩效工资制、考核奖惩制等改革方案，并按规定程序组织实施。实行教师聘用合同制，与教师订立聘用合同。

（五）根据教育行政部门的有关规定，制订学校的课程方案和教学计划，设置开发校本课程，确定教学进度，选用教材，组织教学活动。

（六）按财务制度和教育行政部门的有关规定，对上级的拨款和社会赞助等各种收入以及校舍设施、仪器设备等，合理安排使用。

（七）按照有关规定和程序对教职工进行奖惩。对工作成绩显著的教职工给予奖励；对严重违纪或给学校工作造成重大损失的教职工给予行政处分、解聘或辞退。对教职工的重大奖励或行政处分要听取党组织和工会的意见，并按有关规定报上级教育行政部门。

（八）负责学校安全稳定工作，防止事故发生，保证师生人身及学校财产安全。

（九）组织协调学校与政府、社区、家庭等方面的关系，为学校创造良好的育人环境。

（十）法律法规和学校章程规定的其他职权。

第三十条　设立校务委员会。主要由校长、副校级干部和工会主席组成。负责领导学校课程建设和教育教学工作，决定教职工的劳动合同聘任，确定各年级各部门岗位编制及职级总量，决定年度财务预算，按照相关规定决定对教职工及学生奖惩。校务委员会采取审议制，当无法达成一致意见时，校长具有最终决定权。校务会议成员为正副校长、党支部书记和工会主席等，会议由校长主持。学校定期召开行政办公会议，坚持学校重大问题集体讨论的原则。行政会议由校长主持，行政会议成员为：校长、党支部书记、副校长、各处室主任和副主任；必要时可召开行政扩大会议，年级主任参加。

第三十一条　学校党支部是学校的政治核心，把握学校发展方向，全面负责学校党的思想、组织、作风、反腐倡廉和制度建设，参与决定重大问题并监督实施，支持和保证校长依法行使职权。学校党委接受上级党委领导，按《中国共产党章程》依法开展活动，行使以下职责：

（一）全面贯彻执行党的理论和路线方针政策，贯彻执行党的教育方针，引导监督学校遵守国家法律法规，依法治校、规范管理，确保正确办学方向；

（二）参与讨论决定学校发展规划、重要改革、财务预决算和教学科研、招生录取、基本建设等方面的重大事项，以及涉及师生员工切身利益的重要问题；

（三）坚持党管干部原则，在选人用人中发挥主导作用，负责学校内设机构负责人的教育培养和选拔任用，协助上级党组织做好学校领导人员的教育管理监督等工作；

（四）坚持党管人才原则，参与讨论决定人才工作政策措施，会同有关方面做好各类人才培养、引进、使用、管理、服务和奖惩工作，对教职工聘用考评、职称评审等提出意见；

（五）坚持立德树人、德育为先，做好思想政治工作和意识形态工作，开展社会主义核心价值观教育，加强学校文化和精神文明建设，推动形成良好校风教风学风；

（六）完善学校党组织设置和工作机制，创建学习型服务型创新型党组织，扩大党内基层民主，严格党内组织生活，做好发展党员和党员教育管理服务工作；

（七）领导学校党的纪律检查工作，落实党风廉政建设责任制，严格执行《中国共产党廉洁自律准则》《中国共产党纪律处分条例》等规定，加强对违纪违法问题的预防、监督和查处；

（八）领导工会、共青团等群团组织和教职工代表大会，做好统一战线工作；

（九）行使党章党规及上级党委规定的其他职权。

第三十二条　学校党支部要增强党组织政治功能，充分发挥政治核心作用，切实加强党支部的建设，明确要把党组织工作融入学校教育教学各项工作中。

党支部会议议事规则另行制定。

第三十三条　学校依法成立以教师为主体的教职工代表大会。教职工代表大会是教职工依法参与学校民主管理和监督的基本形式，行使审议建议权、审议通过权和评议监督权。主要职责如下：

（一）听取学校章程草案的制定和修订情况报告，提出修改意见和建议；

（二）听取学校发展规划、教职工队伍建设、教育教学改革、校园建设以及其他重大改革和重大问题解决方案的报告，提出意见和建议；

（三）听取学校年度工作、财务工作、工会工作报告以及其他专项工作报告，提出意见和建议；

（四）讨论通过学校提出的与教职工利益直接相关的福利、校内分配实施方案以及相应的教职工聘任、考核、奖惩办法；

（五）审议学校上一届（次）教职工代表大会提案的办理情况报告；

（六）按照有关工作规定和安排评议学校领导干部；

（七）通过多种方式对学校工作提出意见和建议，监督学校章程、规章制度和决策的落实，提出整改意见和建议；

（八）讨论法律法规规章规定的以及学校与学校工会商定的其他事项。

教职工代表大会章程另行制定。

第三十四条　学校工会是教职工代表大会的日常工作机构，在学校党委领导下，保障教职工参与学校的民主管理和民主监督，维护教职工的合法权益；组织教职员工为学校发展献计献策，开展各种有益工会会员身心健康的活动，帮助工会会员解决实际困难。

教职工代表大会每年听取中层及以上干部述职，并进行无记名满意度测评，测评结果作为聘任干部的依据。

教职工代表大会每届任期3年。每学年召开一至二次会议。遇有重大事项，二分之一以上教职工代表的联名提议，可以召开教职工代表大会临时会议。

第三十五条　各民主党派和群团组织依法参与学校民主管理和

民主监督。

第三十六条　学校设立学术委员会，负责学科带头人和骨干教师推荐、教师专业能力评价、学术活动组织与评价、科研项目评审等。学术委员会成员由校务委员会提名，提交教代会审定。学术委员会原则上由教学业务能力强的非校级领导组成，3年一个任期。

学术委员会章程另行制定。

第三十七条　设置校长办公室、党政办公室、教务处、德育处、督导处、体卫艺处、总务处、安保处等职能部门，分别承担相应的管理职能。各处室设立主任、副主任若干名，由校长按照法定程序聘任。

第三十八条　学校按年级设置年级组。

（一）设年级正主任一名。负责本年级的德育、教学工作，统筹教师分工与管理、年级教育活动、学生管理工作等。

（二）成立年级管理小组。管理小组由德育、教学、工会小组长构成，由年级教师担任。

（三）设立年级办公室、年级学科备课组。

（四）接受分管领导直接领导，接受学校相关中层组织的工作任务和工作评价。

第三十九条　学校以班级为教育教学工作基本单位，班主任是班集体组织者、教育者、指导者，并负有协调本班级各科教育教学工作和沟通学校与家庭、社会之间联系的责任。

第四十条　实行学生选课走班的班级，担任选课团队主讲教师，则担负与行政班班主任相同的责任。

第四十一条　与外界联合设立的组织机构，其权责由学校与合作方协定。

第五章 管理机制

第一节 管理原则

第四十二条 学校实行矩阵式管理。副校级干部在分管学校工作的基础上直接分管年级工作。年级组长负责本年级教育教学日常管理工作，中层部门作为学校职能部门执行学校决策，就本职工作与年级协商、合作工作，并对相关工作进行评价。

第四十三条 学校实行分布式领导。通过分布式领导，适应学校内外部环境的变化，发挥学校的管理效能。学校引导教师建立实践或学习共同体，明确教师团队的责权利和工作常规，促进相关者的互动；支持共同体使用或开发实证工具，对教育教学工作做出基于数据的分析和评判；年级和部门要依据不同团队任务和成员特点，确定岗位领导职责，最大限度发挥每一个岗位的领导作用。

第四十四条 学校实行党务、校务等信息公开制度。依法接受教育行政主管部门、其他有关部门、员工和社会公众监督。切实保障教职工的知情权、参与权和监督权；以适当方式为学生及其家长了解学生的学业成绩及其他有关情况提供便利。

第四十五条 学校依法建立健全申诉调解机制。通过工会等相关组织，就教职工申诉、与学校劳动人事争议进行调解。团委负责校内学生申诉处理，明确申诉受理及处理规则。

第四十六条 学校建立健全重大事项决策制度。学校重大事项应在党政主要负责人酝酿提议、充分调研与征求意见的基础上，由校长召集并主持校务会议审议，经集体讨论，由校长做出决定并组织实施。中国共产党学校基层组织发挥监督保障作用。

凡属教职工（代表）大会职权范围的事项，应提交教职工（代表）大会审议。

学校"三重一大"议事规则另行制定。

第二节　教育教学管理

第四十七条　全员全程育德。健全德育工作网络，通过学科教学、学科渗透、班团队活动、社会实践等德育方式和课程活动，提高学生的公民意识和道德修养。

第四十八条　课程与教学管理。执行国家课程计划，实施校本课程。

（一）学校督导室、课程研究中心（或教科室）和学科备课组等相关处室，完成课程与教学规划，确定相关评价方案。

（二）年级依据学校制定的教学模式或教学方法推进改革，允许进行创造性的个性探索。

（三）课程与教学改革立足有效性，有利于提高学生学习质量。

（四）发扬光大具有学校文化传统的英语、足球和艺术"广益三宝"课程。

（五）设立课程开发首席教师，具体领衔学科课程的开发和实施。

（六）建立校外课程与教学专家团队，指导学校课程与教学改革。

第四十九条　年级与相关处室共同对教育教学质量负责。

第五十条　教导处负责教育教学计划的编制、教育教学资源的调配、日常教育教学事务的管理工作，负责学校教研组建设，以工作任务方式与年级协调、合作开展工作。负责各年级的教学质量评价。

第五十一条　教科室负责教育科研的各项工作，拟定教育科研制度，培训科研骨干。依据学校管理、德育、课程与教学等改革的实际需要，开展有针对性的实验研究和课题研究。开展学校教育的专项研讨活动，负责教育科研成果的评价和推荐。

第五十二条　建立全面质量管理与评价制度，完善教育教学质量科学的监控、评价和奖惩机制。搭建有效的信息化工作平台，提高教师工作效率。运用科学的质性和量化工具，诊断、反馈学校质量状况，提高质量评价的有效性和针对性。

第三节　财务管理

第五十三条　财务工作实行全面预算管理制度。每年度提前由学校和各部门根据部门新年度计划编制年度财务预算，经校务委员会审议、校长批准后实施。年级、部门负责人为预算执行的第一责任人，财务负责预算内支出审核工作。

第五十四条　经费开支实行民主管理。坚持统筹规划、保证重点、协调全面的原则，提高资金的使用效率。财务分管领导的签批权只能在预算内有效，不得签批预算外的任何支出。

第五十五条　实施财务审计制度。为确保财务工作安全、规范，学校从社会招标聘请资质高、信誉好的会计师事务所对学校的年度预决算编制、财务收支和内控制度的建立与执行情况进行专项审计，每年度进行一到两次。审计工作由校长或校长委托相关人员负责，财务人员回避。

涉及教研与科研管理、人事管理、后勤管理、信息管理、卫生保健与校园安全管理等未尽事宜规则，另行制定。

第六章　学校与家庭、社区

第一节　学校与家庭

第五十六条　选取有代表性、热心公益事务的学生家长设立家长委员会。家长委员会由家长代表组成，增进家校沟通，保障学生家长参与学校与学生利益密切相关的重大决议和管理工作。

第五十七条　学校不定期召开学生家长委员会会议，介绍学校发展状况、教育教学工作、学生学习状况等，听取家长委员会的建议，取得家长的支持和帮助。

第五十八条　依靠家长委员会办好家长学校，有计划地开展对家庭教育的指导。

第五十九条　学校班主任和学科教师经常性联系家长，使用多种方式做好家庭访问工作，形成家庭教育与学校教育的活力。

第二节　学校与社区

第六十条　学校以良好的校风、教风和学风树立良好的公共形象，为社区文明建设发挥积极作用。

第六十一条　学校依托社区，开发社区教育资源，开展学生社会实践活动，为学生创造服务社区和实践体验的机会。

第六十二条　学校依靠社区开展校园周边治理，确保校园安全、文明与和谐。

第六十三条　鼓励和吸引企事业单位和其他社会力量支持办学。

第六十四条　学校重视与市内外兄弟学校建立多种形式的教育合作关系，寻求优质教育教学资源的共建共享。

第六十五条　充分利用学校特色教育资源，重视国际文化教育交流和学校国际化进程，积极探索国际文化交流的有效途径与方式。

第七章　监督、奖惩与救济

第六十六条　学校党支部在学校发挥政治核心和监督保障作用，对办学实行组织监督。

第六十七条　学校教职员工代表大会对办学实行民主监督。

第六十八条　学校家长委员会和社区代表对办学实行社会监督。

第六十九条　学校接受南岸区政府教育督导室对学校办学的政府监督。

第七十条　学校接受审计机构的审计，接受上级主管部门的检查监督。

第七十一条　学校对章程执行实行考核评估，对遵照章程执行且考核优秀者给予奖励，对违反章程的行为且情节严重或造成恶劣影响者报主管部门给予行政处理。

第七十二条　教师和学生对学校做出的行政处罚不服的，有权依据法律、法规的规定，向学校、劳动争议调解小组及教育行政主管部门提出申诉，申请行政裁决或者诉讼。

第八章　附则

第七十三条　本章程的制定与修订经教职工代表大会讨论，校务委员会审定，报南岸区教育委员会备案。

第七十四条　学校依据章程制定各项规章制度，原有规章制度与本章程有抵触的，一律以本章程为准。

第七十五条　本章程条款如与国家法律法规和上级有关政策不一致之处，一律以国家法律法规和上级有关政策为准。

第七十六条　本章程的解释权归校务委员会，学校章程的修订由校务委员会决定，学校教职工代表大会审议通过。

第七十七条　本章程自核准之日起生效，公布之日起施行。

广益中学改革与发展"十三五"规划
（2016—2020）

党的十八届五中全会提出了"提高教育质量"的战略，根据《国家中长期教育改革和发展规划纲要（2010—2020年）》和《南岸区教育事业"十三五"发展规划》等有关文件要求，制定本学校发展规划。

序　言

广益中学有百年的办学历史，以其独有的人文魅力和教育思想，积淀了深厚的文化底蕴，形成了"爱国爱校、治学严谨、尊师勤学、文明活泼"的优良传统，并不断地与时俱进。

广益百年，树人百年。广益学子遍及宇内四海，广益英才不乏国家栋梁。何鲁、文幼章、赖以庄、邓君吾、曾李四等文化名人在此任教，邹容、李锡铭、古耕虞、王朴等杰出人士曾在此就读。培养了院士李朝义、赵其国、刘嘉兴等杰出人才。

广益百年，特色百年。经过百年沉淀，学生艺体成就斐然。英语、足球和美术是学校的传统课程。"重庆现代足球运动，始于广益中学"（《重庆足球史》），与此同时，学校美术特色传统也异军突起，师生画作曾在瑞士、法国、日本广岛展出或获奖。1994年百年校庆时，学校再次提出了办特色学校的目标。自2000年以来，艺体高考质量逐年提升，高考艺体上线人数一直居南岸区第一位。

广益百年，优质百年。自中华人民共和国成立以来，学校教学成绩一直名列全市前茅，学校升学率年年攀升。学校连续17年获南岸区办学质量综合督导评估一等奖。在"2009学校管理年"中，在章显林校长的带领下，学校荣获了"新中国成立60周年重庆教育功勋著名特色学校""重庆市民主管理示范学校"等荣誉称号。

近年来，学校教学质量年年攀升，办学规模逐渐扩大，学校运行机制日渐成熟。随着国家教育发展趋势和学校可持续发展的根本诉求，学校面临着新的挑战和机遇。学校受现在所具有的社会环境、发展规模、竞争地位、生源结构和地缘条件等因素的局限，在一定程度上限制了学校的进一步发展空间，因此学校必须进行战略定位、资源重组、内涵拓展以适应教育的变革，创造条件促进学校的换挡升位。

质量再发展。党的十八届五中全会提出了"提高教育质量"的战略。《国家中长期教育改革和发展规划纲要（2010—2020年）》提出了"树立以提高质量为核心的教育发展观，注重教育内涵发展，鼓励学校办出特色、办出水平，出名师，育英才"的质量发展观。《南岸区教育事业"十三五"发展规划》提出"把促进公平和提高质量作为'十三五'南岸教育工作的主题"。学校教育质量的进一步提高，已成为学校的核心战略和首要任务。

文化再创新。结合南岸区委、区政府建设"宜居创新区、江南增长极"和南岸教育坚持"幸福每一个孩子"的发展理念，确立广益中学的战略指导思想和战略定位，进一步诠释学校办学理念，把"每个孩子的成长都上一个台阶"的新价值观，把"更高、更快、更强"的精神注入"行远自迩，登高自卑"的校训所承载的学校精神里面。

资源再优化。确立学校质量增值战略主题和重点，指导学校教育质量的快速增长。改善影响学校质量的主要因素，深度挖掘学校资源，充分利用社区教育资源，保持生源结构和工作目标的一致性，调适学校办学规模，建设一支教育与教学相结合，教学与研究相结合的高素质教师队伍，推进基于学生核心素养的课程与教学改革，实现质量再上一个台阶的愿景和目标。

学校质量核心竞争力的提升，要以改革创新为动力，以提高效率为重点，以提高质量为核心，全面实施素质教育，推动学校在新的历史起点上科学发展，从学校内涵发展的能力入手，加快学校质量的全面提升，为百年广益的文化积淀注入新的内涵、增添新的光彩。

第一部分　总体战略

一、指导思想和工作方针

（一）指导思想

坚持社会主义核心价值观，全面贯彻党的教育方针。以立德树人为办学宗旨，秉承"增广学行，益国利民"的办学理念和"行远自迩，登高自卑"的校训，牢固树立和贯彻落实创新、协调、绿色、开放、共享的学校发展理念，抓住教育深化改革的发展机遇，准确定位学校发展的愿景和目标，强化学校内涵发展能力，不断提高教育教学质量；传承学校百年文化，不断开拓创新，提升学校办学品质。

（二）工作方针

育人为本。把促进学生健康成长作为学校一切工作的出发点和落脚点。尊重教育规律和学生身心发展规律，为每个学生提供适合的教育。关心每个学生的学业成长和综合素质的进步，创造个性成长的机会，努力培养更多家长和社会满意的人才。

内涵优先。适应国家、社会和家长的教育需求，以提高办学质量为根本，推进学校教育的现代化建设。围绕课程和教学改革，着眼学校品质的提升，优化学校治理结构和运行机制，激励教师专业发展，升级教育教学的技术手段，整体（加速）提升学生的学习效率和品质。

文化创新。坚持"一个传统"，即坚守学校文化个性，延续学校的成功基因，包括学校的传统精神文化、质量提升的成功策略和传统的特色课程。实现"三个转向"，即从规模发展转向质量发展、从粗放式发展转向精细式发展、从同质发展转向特色发展。努力从质量观念、工作机制、组织结构、信息工具等方面入手探索创新，以改革创新的新成果，增强学校办学活力和实力，增强对社会的影响力。

发展加速。基于学校质量发展的痛点，充分利用迭代更新的现代教育观念、方法和技术对提高学校教育质量的深刻影响力，系统构建学校质量体系，突显学校"质量加速度"的核心竞争力。在教育实践中挖掘学校的成功关键要素，提高学校领导和组织的运行机制、改革教育教学模式和学生学习质量的评价手段，促进学校质量的更快发展。

质量提高。把提升质量作为学校改革发展的核心任务。树立科学的质量观，把促进人的全面发展、适应社会需要作为衡量学校教育质量的根本标准。把握学校发展的阶段性特征，以整体性、增长性、独特性的学校质量特征，实践"人人皆有进步、处处都有动力，时时都要超越"的质量发展策略。

二、发展目标和战略主题

（一）发展目标

1. 总的目标

经过5年的努力，把广益中学办成文化凝聚力卓越、质量加速增长的巴渝名校。

文化凝聚力卓越。把学校文化与学校质量联系起来，持续积淀有百年传承的学校文化个性优势资源。丰富学校"增广学行，益国利民"的办学理念，把质量起点不高但不放弃追求高远理想的理念，转化成为实现高远理想而加速发展的理念；深度挖掘学校与班级文化、课程与教研文化对学校质量的独特影响；做特色英语、足球和艺术传统"三宝"课程，拓展"院士课程"，增加校际联盟，扩展学校文化影响力。

质量加速增长。以提高学校质量为核心，培育适应教育和社会发展需要的教学质量加速增长的潜能；控制适宜的学校办学规模和结构，保持对学校质量发展定位的可靠支持；以课程与教学改革为质量抓手，以培育教师的专业能力为质量关键，培育学校内涵发展能力；

创新学校质量管理制度、评价制度和运行机制，促进我校过程质量优化，确保结果质量上到更高一个台阶。

2. 具体目标

办学规模。扩大初中办学规模，新领办一所初中（茶园），初中教学班由36个增加到48个。高中办学规模适度控制，教学班控制在30班左右，支持走班选课制的实施。

教师培养。建立5年名师支持计划，培养1—2名研究员、特级教师，培养3—5名市区级骨干教师，20—30名校级骨干或优秀教师；青年教师的常规课的优质课率逐年提高3%，常规教学合格率达标率100%；优秀班主任人数逐年增加3—5人，班级常规管理达100%。

学生成长。学生学习兴趣、自信心、人际交往指数逐年提高，身心健康指标高于南岸区的平均指标；学生参与课程、传统课程、"三宝"课程学习的质量逐年提高，参与社团或选修课的学生达100%；每一个学生在校期间都有参加社区活动、社会调查等实践活动的经历。学生对学校教育教学、后勤服务的满意度评价不低于95%。

学业质量。初中学生学业质量达到重庆市学业质量监测的标准的前25%，达到南岸区教学质量评价前列，学业增值每年有正向提高；整体提高学生的学习质量，控制初中学生学习质量的均衡度，缩小年级、班级内学生成绩差异的全距；逐年提高优秀学生的比率大于3%。高中学生学业整体教学质量在南岸区再上一个台阶，学业出口质量每年稳中有升，符合学校每年增长预期目标，有顶尖高校升学的突破；学生学习年度成绩正向增值达标。

办学条件。通过控制高中办学规模，增加选课走班活动教室。提高信息化水平和数据分析水平，完善教师教科研、备课资源共享平台；开发自动阅卷分析系统、问卷调查系统和学生成长记录系统；引进教学成绩增值评价系统。

（二）战略主题

全面贯彻党的教育方针，面向全体学生、促进学生全面而有个性的发展，提高学校教育质量。随着新高考、新课程的陆续实施，普通高中教育也将进入一个崭新状态。根据学校实际情况，通过持续质量改进、激活组织活力、聚焦文化导向的战略主题实施，实现我校质量增长的顶层发展战略。

持续质量改进。学校办学质量由资源支撑转向内涵支撑。依据学校质量"持续增长"的发展定位，精准理解并把握学校质量内涵、要素和关键，关注学校教育质量输入、过程和结果的结构性改革，创新学校质量的实施策略，完善质量评价反馈机制。重点发展学生的综合素质，促进学生身心健康，树立远大抱负及强烈的社会责任感；学会生存生活，学会做人做事，主动适应社会；着力提高学生学习的能力，提高学生学业成就的持续增长。教师应具有厚实的人文素养，在所处专业领域提升造诣。

激活组织活力。推进学校制度化创新，学校管理转向学校治理。改进学校参与、决策、咨询和评价机构及其运行机制，由善治转向共治。改革学校的运行的组织结构，推进组织结构的矩阵管理。完善教师激励机制，调整教师专业结构，改革教师用人体制，激活教师发展动力。建立多维度的战略合作关系，提高学校利益相关者的质量体验，给学生差异化学习提供多样化的质量选择机会。

聚焦文化引力。发展"行远自迩，登高自卑"文化理念，丰富其文化内涵，着力"持续增长""更高、更快、更强"的发展理念，既增强学校文化的内部凝聚力，又扩大学校文化的对外渗透力。以人为本，善待每一位教职工。学校效率文化逐渐融合个性创新、共同参与的文化，改进学校文化的适应性；提高学校战略、结构和策略的一致性，提高学校的文化效用；融通学校管理、班级文化、课程文化、教研文化等具体领域的文化，发挥学校文化的牵引作用。扩大学校开放、互动和交流，提高教师的专业话语权，增强学校文化自信。

第二部分　发展任务

一、德育为先的自主育人

（一）塑造学生成长特质

促进学生个性而全面发展，创造学生的"成长价值"，给每一个学生找到成长的空间。培养具有健康身心、爱国感恩、勇于担当的责任者，培养敢于超越自己、挑战困难、善于学习的学习者，培养具有心胸开阔、视野开阔、悦纳社会的适应者。

（二）实施德育工作治理

坚持以学生发展为本，重点加强学生理想信念、文化传统和行为养成教育。倡导熏陶浸润、主体体验式德育，提倡学生自我设计、自主成长；重点打造"理想、诚信、责任"广益中学德育名片，充分发挥德育的精神滋养和激励功能。培养学生具有"四会"（会生活、会学习、会交流和会合作）的广益中学特质，落实学生综合素质评价。

（三）构建德育课程体系

落实"班级文化"主题，提高班级文化单元的运行效率。开展学生综合素质评价，建立学生成长记录袋或学生综合素质评价电子平台。指导学生做好人生规划，促进学生做好自己人生的"导演"。强化课堂教学的文道统一，结合学科自身的特点渗透学科育德。社会生活体验与传统文化相融合，深入探索以自主体验为方式的德育活动方式；拓展以生活德育为主体内容的适合学生不同年龄段的德育主题（规矩、感恩、诚信、法治、励志、成语大会、经典诵读、成人礼、毕业典礼等）。拓展德育实施的新途径，有效发挥家校联系、社区参与的作用。

（四）完善评价激励机制

建立并完善班主任队伍建设及人员管理，构建科学合理的德育管理考核评价体系。逐步提高校级、区级和市级以上骨干班主任的比例，培养一批有一定知名度的德育工作者。建立教师、学生、家长和学校多方协商的德育互动评价机制（德育家长、教师、学生和领导共同参与）。实行班主任的聘任制，优先选用有正确教育思想、师德高尚、热爱学生、善于科学管理的老师担任班主任；推行优秀班主任、优秀德育科任教师的自主申报评选制度；建立青年班主任导师制，以老带新"一帮一"；班主任校内分级管理，有突出贡献的班主任授予校内特殊称号。

二、课程教学的有效变革

（一）课堂教学有效

深化课堂教学改革。推进基于学生核心素养的课堂教学改革，从关注教师"教"转向关注学生"学"。以新课改为突破口，围绕"课堂有效"展开教学设计、教学方式、教学模式和课堂评价展开探索实验。通过理清教学流程，重建学习组织，重组学习资源，逐步形成符合广益中学教学实际的校本实践模式，促进学校的内涵发展和质量增长性提升。

提高课堂教学效率。课改与学校质量相联系，围绕课改资源开发课改质量工具，把课改资源转变成提高质量的利器。课堂教学以改善有效的教师教学行为、学生学习行为为关键，最大限度地利用好有限的教学时间，提高学习效率。培养教师的有效教学技能，调动学生学习积极性和主动性，连接教师和学生的互动表现，努力实现教学模式、教学方法和学习方式的最优化。

学生学习分层指导。因材施教，为学生个性化发展提供更为宽阔的平台，在"学生成功"中树立教师的专业信念。重点关注在不同学习基础上的学生的学习进步程度，实现"让优生更优，中等生成为优生，后进生学有所得"的学习积极状态。

开展教学常规评价。明确教学质量目标，围绕学校校本课堂教学模式，细化教学常规，引导教师对目标编写、课时计划、教学策略、提问技巧、互动交流、课堂管理和学生评估等关键技巧开展专业训练。配套开发有效课堂教学的测评工具，适时监控课堂教学目的、教学过程与教学质量，建立教师课堂教学质量反馈机制。

（二）课程实施增效

厘清"学行课程"哲学。传承和发扬学行兼备的学行文化，坚守"培养有学有行有个性的现代人"的教育哲学，形成"增广学行，益国利民"办学理念，传承"行远自迩，登高自卑"的校训精神，构建起以"学行"为核心的校风、教风和学风以及以"学行"为目标的学校发展目标、教师发展目标和学生发展目标。

建构"学行课程"体系。围绕创造学生价值的理念，建构"学行课程"体系。课程结构由基础必修、拓展选修、特长专修构成，建成"五益"课程群，代表"益信（理想信念）、益品（品德修养）、益智（扎实学识）、益行（实践能力）、益身（身心健康）"五益课程群。

建设"学行课程"制度。构建规范的学校课程制度，形成和制定参与学校课程建设的有关人员共同遵守的程序、步骤和规范体系、规则体系。推行适应新高考的"选课走班"制度，提高师生对新高考的适应能力。学校课程系列化、校本化、国际化，让学生充分享受课程改革的成果。优化课程活动，使课程尽可能地关联教育教学质量，如"学科社团"与学科教学的联系；与学生学习质量相联系，如"3D打印"申请专利项，高考可加分的项目。

开发特色课程基地。利用学校后山资源，开辟生物和地理课程基地，同时建立外语特色基地，有利于国际课程和各种类型的比赛活动的开展。在学校传统的外语、足球和艺术课程方面，加强和国内各学校的联系，建立常态化的师生交流项目；建立外语特色中心，完善外语特色课程。

三、协同增效的管理共治

（一）管理协同

组织配套。实行校长负责制及党政工联席会议决策制度。完善学校发展议事制度，推进民主管理建设工作。改革学校管理体制，配套学校质量提升计划的学校组织机构，把科层制管理与分权管理相结合。推进矩阵式学校管理，让更多的教师参与学校的制度建设和学术活动，找到工作的成就感。发挥学校办学成功经验积累，推进以年级一体化管理为主导的年级管理体制，让年级拥有更多的决策和实施权利，学校各部门行使更多的政策和评价权，提高年级单元的管理效率。

学段协同。初中和高中学校的协同发展，共同构筑学校质量加速度，"为下一环节提供满意"。初中作为义务教育阶段教育，更加注重学生发展的基础性，突出学生学业成就的整体均衡，质量目标更加重视学习质量的标准达成，更多着力于学生良好习惯养成、兴趣培养和个性发展，为学生在高中的可持续发展打下基础。高中更加注重学生学业成就的增值，个性课程学习的突出优势，满足更多学生升入更好高校的愿望。

体制协同。建立灵活的办学体制，实行一校公办、民办并行的两种体制。通过用人体制的改革，增强学校教师队伍的活力。推行教师"公办+招聘"用人体制，学校扩大之后的教师缺编原则上采用招聘教师这种方式。初中尝试民营性质的发展驱动，让教师"自己为自己工作"，充分调动教师的积极性。教师也可以以入股的方式参与学校资本运作，实行投资分红、智力分红的方式参与学校的利益分享。

质量协同。推进学校质量改革计划，突出"目标导向、精准变革、效率优先"的价值取向。在过去教师绩效激励基础上的改革，学校质量管理要围绕"课堂教学"质量和"校本课程"质量协同；教师学习与工作质量、学生学习态度与方法质量，以及学校管理效能质量协同；教育教学的结果质量、过程质量和服务质量的协同。

技术配套。提前应用对质量有突破性影响的技术工具。在学校同质化趋势越来越明显的时候，率先使用新的教育观点，运用快速、高效技术手段，使之成为学校竞争优势的来源。开展"全面质量管理"，增强管理方法，着力流程化；实践"战略主题"，增强过程管理，着力于战略一致性；突出"关键质量指标管理"，增强领先指标，实行精准确化、标准化管理。建立学生、教师质量的自评，建立质量评价数据库，使用手机等便捷工具进行测试等技术手段。

（二）多方一体化

通过学校文化品牌获取良好的社会效应，改善学校外部环境。

拓宽学生出口。开通学生发展的纵向出口，扩大国际国内交流范围，开辟学生个性化升学出口通道，为学生打开更多的包括与国际教育机构接轨、升入名校和本校高中，以及家长个性需要的升学输出方式。

构建横向联盟。主要是跟各类型学校建立一种对话与交流关系，通过项目合作与共赢，提升学校的社会影响力；同时也有利于培育教师的归属感。

国际化战略。学习借鉴国外先进的教育经验，把握教育国际化战略的目标定位，探寻新的教育市场。发挥国际化战略给学校竞争力提升带来的影响，促进教育思想的国际化，教育内容的国际化选择和渗透，学校与教师对外交流。利用英语特色课程的交流平台，开设国际化的课程。

（三）生源构成改善

生源构成决定了学校差异发展的道路选择。要实现差异发展只有从学校的内涵发展能力入手，通过学校发展的"软件"来实现，根据我校学生的特点，形成本校差异化的学生构成策略。

初中生源多元化。满足社区不同层次学生教育质量需求，在确保义务教育要求前提下，给家长和学生提供有选择的特色教育。积极总结办学经验，办好英语特色课程班，畅通学生选择国际教育的出口，提升学校的综合办学实力。

拓宽初中招生入口。扩大本校初中的规模，保证义务教育的招生。文峰校区的办学规模达到学校总规模30个班，学生人数达到1500人；在茶园新城新领办一所初中，计划规模年级20个班，总60个班，学生人数达到2500人。通过提高初中办学质量，逐步吸引社区有较高质量要求的学生群体。

高初中生源一体化。完善初、高中一体化的招生制度，完善现有的初中学校教学联盟，拓宽高中的生源渠道。建立初高中学生质量跟踪措施，配套关联的学生学习质量评价体系，提高学校质量的稳定性和增值空间，扩大学校在社区的质量影响力。准确定位学校的质量，扩大高中潜在优质生源，增加适合到我校就读的学生的生源，吸引更多的潜力生就读本校。

（四）教科研校本化

围绕主题展开教科研。突出质量加速提升的重大课题和常规研究。进一步完善科研管理制度，积极引导教师在实践中反思和借鉴其他优秀成果，做到课题研究校本化，并将研究成果转化为学校教育生产力，加快学校优质化进程。给予教师在课题立项、经费资助等方面的帮助和支持。教研组、备课组要进一步根据学科教学问题拟定专题进行研究，加强集体备课和信息互通，提高教研活动效益。

打造教师的学术自信。构建务实教科网络，融汇校内外教科研资源，建立直接服务于学校发展、教师发展和学生发展的学校教科研网络，为教师经常性的教科研活动创造良好的环境。通过校际交流、活动展示、论文评比、专题讨论、学术沙龙等教科研活动，了解教科研信息，推广教科研成果，增加教师专业学习的机会。在成功的学习体验中提升教师的专业自信。

四、质量改进的多维评价

（一）质量模型和标准

建立学校质量体系。整合成一个质量影响因素系统，把学校文化凝聚力（专业合作）、教学改革、校本拓展课程改革（教学资源组合）、教师专业能力（人力资源）和教科研活动（工具手段）融合成系统，发挥系统合力的创新能量。探讨学校全面质量管理方法，跟踪质量流程并持续改进，让质量输入增长、质量过程增值、质量结果增效。

建立学校质量模型。建立过程质量、结果质量和服务质量的质量链条，探索学校质量策略；建立达标质量、满意质量和期待质量上升通道，探索学生学习策略。通过学校质量模型的建立，明确学校的质量定位和实践策略，使学校质量改革制度更具公平性、激励性和引导性。强化与目标学校的质量比较。

设计学科质量标准。改进传统质量标准，在传统质量评价基础上增加质量增量评价指标：学生学习质量质性和量化的增长指数，班级学生分层差距或者均衡度指标，学科合理作业量负担指标。增设质量差异化的指标，鼓励学生在老师的指导下开展自我评价质量内容包括：学生学习动力指标，学生人际关系指数，学生参与实践或个性活动指标，学生身体健康成长指数。建立科学质量的战略性指标：家长的满意度和忠诚度，教师同行质量比较指标，学生在本校后续学习能力指标。

（二）质量结果的评价

在质量综合评价的框架内，改进传统教学质量评价的方法，按照品德发展、学业成就、身心发展、兴趣特长养成等方面，对教师全面育人和学生全面成长进行评价。教师的工作绩效中突出教师与其他学校的比较地位；学生通过学习成绩的比较，找准自己所在的位置，明确自己差距。教师的结果分数的评价，转向分数与获得分数相关因素的质量评价；学生学习成就评价转向"学生学业+学生素质特长"（配套学校传统课程评价）的评价。

（三）质量过程的评价

着力实行过程质量监控与评价，实施课堂教学质量的观察与工具开发，提高常规教学评价的效能，反馈学校常规对质量的影响。坚持教学常规，挤出常规中的"水分"。在过去的常规管理中，由于精力的限制、人际关系的影响、常规管理方法和手段的局限，通过制度建设提高过程管理的有效性。通过打造信息化工作互动平台，提高教师工作便捷程度和工作效率；通过交互式网络数字化平台，提高教师备课、命题、批改作业、成绩分析等教学行为的有效性。

（四）质量增值的评价

建立适合本校教师和学生的质量增值评价方法。重视学生的进步程度，鼓励不同层次的学生在原有基础上有较大幅度的提升。教师绩效评价由绝对分数转向"绝对出口分数+学生增值"的评价，体现评价激励的公平性。基于学生自身测验成绩的纵向比较，使用专业的统计方法对数据进行统计分析，追踪学生在一段时间内学业上的变化，考察学校或教师对学生学业成绩影响，公正评价教师对学业成就提高的贡献。

五、教师成长的机制激励

（一）提高教师整体能力

教师的专业能力是"更高级、更有效的核心竞争力"。通过制度激励等手段激励教师专业发展，引导教师专业态度；通过岗位责任和岗位任务历练教师队伍，培养教师的专业能力；通过校内外的学术交流，塑造教师的学术自信；通过面向社会优选青年骨干教师，优化教师的专业结构；通过实行公民师资混合体制，推行编制外优秀教师选聘制度。

（二）改革教师用人体制

通过教师用人体制的融通改革，优化教师结构，提高教师的专业质量。学校将面向教育系统内优选、公选年轻的优秀教师，面向社会选聘部分教师。公民办教师推行有差异的工资绩效制度，形成教师群体灵活的用人机制，整体提高教师群体的专业水平。建立优秀教师整体持续发展培养机制，充分发挥优秀教师的重要作用，促进青年教师成长，壮大动态的优秀教师群体。

（三）提升教师专业责任

强化教师的专业积累，培育教师专业发展的主动精神和专业责任。建立校内教师互动对话机制，处理好专业团队与个人的协调与激励，推行矩阵式的团队建设，教师可以参与在不同的交叉专业团队；推行教育教学质量分级目标管理，激活教师之间的良性竞争。

（四）激励教师专业精神

建立骨干教师成长阶梯，推进骨干教师、优秀教师发展的层级制度，打开教师专业成长上升的空间，促使教师产生积极向上的动力。鼓励教师制定个人专业发展规划，培育教师的期望激励。推行教师学术报告与支持制度，推广教师的学术成果，树立专业发展的标杆，提高教师的专业成就感。

（五）建设学术支持团队

抢占教育教学质量改革的制高点是学校质量加速发展的前提。学校教育教学中出现的重大问题，需要从校外引进项目专家、特聘名师等领军人才，发挥超前的牵引作用。提供足够的资源条件，积极培养校本的顶尖级学科教师带头人。支持教师通过在职培训、学术交流、影子学习等形式接受深度学习。实施学科团队、年级团队建设计划，培养一批支撑作用突出、团队效应显著的高水平团队。

六、共享平台的信息互通

（一）设计组织运行"战略地图"

突出战略主题。依据学校建立的"战略地图"，清晰地表明战略的重点、过程与结果的因果联系，以及战略质量的衡量标准。

梳理战略流程。优质的学校质量，要围绕学校发展的战略定位清楚组织单元的运行过程，通过建构组织单元互动平台，提高沟通效率和对战略主题的质量提升。

明确协同执行。明确各个组织单位在学校战略发展的价值导向、战略主题、战略实施、保障与评价等方面的职责，在学校战略发展的基本框架内运行。

（二）构建多边交互"平台战略"

多边群体信息共享。努力以信息化为手段扩大优质教育资源覆盖面，教师备课、命题、批改作业、成绩分析等信息化，提高教师工作的便捷程度，减轻教师负担，提高有效的工作效率。学生可以实现网上自主选班走课、自助进行学习成绩分析评价，为学生提高学习效率提供数字化工具。

信息交互数字化。建立学校、教师、学生和家长的教育教学信息交互分层平台，方便资料检索和自我评价，增强多方沟通效率。推行"信息两通两平台"计划（课程资源班班通和网络空间人人通，质量评价和教育数字化管理平台）；引入第三方教育数字化资源；推行教师提供资料、学生分享"粉丝积分"、学校和第三方"打赏""催促更新"等措施激励，推进教师、学生参与数字资源积累更新。

第三部分 保障措施

一、组织保障

（一）充分发挥党组织保证监督作用

发挥广大党员的先锋模范作用和党组织的保证监督作用，这是实现学校规划目标的强有力的保障。要坚持把党员先进性教育、学习实践科学发展观活动与学校实际工作相结合，加强党风廉政建设，服务学校发展大局。

（二）加强学校规划与执行的领导

成立学校规划制定与实施领导小组。学校领导班子把学校战略规划作为一项重要的工作任务。充分发挥组织、指导、协调和服务作用。要定期讨论检查规划实施的进展情况，提出指导性意见。积极寻求政府、上级教育部门、社会和家长的外部支持。

（三）充分发挥教职工代表大会的作用

坚持民主办学，建立和健全教职工代表大会制度，对学校工作实行民主管理、民主监督，充分发挥教职工的主人翁作用。提高学校规划与执行的透明度和科学性，增强议事程序的规范性。实行规划年度阶段目标完成情况向教代会报告的制度，接受教代会代表的审议和质询。

二、制度保障

（一）强化战略执行力度

战略的执行是围绕战略主题展开的战略实践。战略执行中有两个问题：一个是如何把一个战略主题转化为一系列的行动；一个是学校管理部门如何围绕学校的核心业务开展战略协同行动。

（二）加快规划向计划转化

各处室、部门要根据规划要求，制定规划执行的年度推进计划。实施对各块工作进行细化，制订出阶段实施方案。也可以以项目推进的方式，分解和整合学校战略主题和任务，编制实施方案并分别实施。实施要做到职责分明，团结协作，高效运行。加强对计划或者项目执行情况进行年度评估，及时解决规划执行中存在的问题。

（三）实施工作目标管理

建立规划实施工作目标责任制和考核评价体系，适时监督评估。各司其职，齐抓共管。建立部门工作目标动态自查自评与报告制度，及时听取教职工的意见和建议。适时向广大师生、家长和社会各界介绍学校发展规划及实施情况，接受社会监督。

三、物质保障

坚持以政府为主，多方筹措办学资金，使学校重大建设项目列入南岸区教育发展规划；协同学校战略重点，做好经费预算；加强办学成本核算，规范财务管理，实现教育资源合理投入、科学配置和合理使用。

重庆市广益中学校课程建设规划
（2015—2020）

为深入推进广益中学特色建设，彰显百年老校文化、课程的育人价值，实现广益中学以课程建设为核心的内涵发展，依据《国家中长期教育改革和发展规划纲要（2010—2020年）》《国务院关于深化考试招生制度改革的实施意见》《教育部关于加强和改进普通高中学生综合素质评价的意见》《重庆市中长期城乡教育改革和发展规划纲要（2010—2020）》《重庆市南岸区教育事业"十二五"规划》以及《重庆市广益中学特色教育改革和发展规划纲要》等文件精神，结合2015—2020年普通高中课程改革在深入发展阶段重点问题的突破和考试评价制度的平稳过渡等实际，特制定本课程建设规划。

一、课程建设的基础和挑战

（一）建校历史和办学传统

1. 建校历史及影响

广益中学由英国伦敦基督教公谊会于1892年2月创办，至今已有120多年历史。学校从创办之时就秉持先进的办学宗旨，站到了重庆教育近代化发展的历史潮头。1928年杨芳龄任校长后，提出"行远自迩，登高自卑"的校训一直传承至今，学校在民国时期曾被赠"江巴学校之冠"匾额。重庆解放时学校升起了重庆市的第一面五星红旗。中华人民共和国成立后，学校历经多次改名和规模变化，1992年恢复为四川省重庆市广益中学校，1997年重庆直辖后更名为重庆市广益中学校。2005年被评为南岸区示范中学，2007年4月成为市级重点中学。

2．办学传统和特色

百余年的办学实践，学校形成了"爱国爱校、治学严谨、尊师勤学、文明活泼"的优良传统。同时，百年广益的办学特色也一直得到不断的继承和创新。从建校初期的重视英语教学和足球运动，到中华人民共和国成立后凸显艺体特色；从1994年百年校庆时再次提出"以德育特色为突破口，促进艺体特色发展"的办学思路，再到2003年后学校逐步构建百年广益的历史文化育人体系，学校文化育人、特色发展得到彰显。百余年来，广益人才辈出、学子遍及宇内四海。

（二）学校规模和生源特征

1．硬件条件及学校环境

近年来，在区委、区政府、区教委的高度重视和大量投入下，百年老校焕发出新的生机。学校拥有一流的多媒体教室、微机室、语音室、阅览室和理化生实验室等功能室及其辅助设备，全市领先的多功能演播厅，设施齐备、安全、方便的学生公寓，扩建了塑胶草坪运动场，建成了校园网，现代教育教学设备配置到教室，初步达到重点中学建设标准并实现了设施设备的现代化。学校还提炼出"百年史卷奠基人生，名校文化培育英才"的校园文化建设理念，以南山自然环境为依托，从校门门景至校门广场、上山梯道、途中平台、教学区、校史区、运动区、生活区等处，全面打造校园人文景观。学校百年历史和深厚的人文底蕴，以及所处南山风景区的地域优势等，成为学校课程建设的丰厚特色资源。

2．师资队伍及学科优势

学校拥有一支师德高尚、爱岗敬业、专业基础扎实、业务精良、善于教书育人的以青年教师为主体的教师队伍。现有专任教师231人，平均年龄30岁；高级教师44人，中级教师99人，市区级骨干教师24人。教师团队中语文、数学、外语、历史、地理、体育、信息技术学科正在形成学科优势和教学特色。学校注重目标引领，先后成立教学督导组，推行备课组建设，开设"广益讲坛"，实施"名师工程"和"新秀工程"，开展课堂教学有效性研讨等专题活动，促进教师队伍的专业发展，积极打造和谐上进的教师群体。

3. 学生特点及学习需求

学校现有初高中70个教学班，学生总数3500余人，住读生占绝大部分，生源以南岸区为主，有一部分来自其他区县（每个年级2个班左右）。学生成绩在南岸区属中等水平，生源家庭比较广泛、分化较大。学生及其所在家庭对教育的认识和需求有差异，对课程学习的要求有待进一步明确。学生学习动力较强，学习时间便于集中管理，但自我学习风格认知和评价欠清晰，学习兴趣有待进一步激发和引导，学习习惯和学习方法有待进一步优化。

（三）前期进行的课改探索

1. 学校历史发展中的课程改革

学校开办之初就推行西学，课程以"学贯中西、明体达用"为指导思想，重视学生的科学实验、英语学习、体育活动和自习研讨，对于重庆近代新式教学体制的建立有着开创和引领的历史作用。杨芳龄任校长后，实行"五育（德、智、体、美、群）"并举的办学方针，始终紧紧抓住教学，以教学为中心，坚持严格的教学管理，坚持一流的师资，坚持一流的教学设备，坚持课内外相结合，学校以名师云集、管理严格、质量特优、英语突出、足球驰名、设施一流、环境优美等办学特色而名震巴蜀。重庆五中时期，学校把第一课堂和第二课堂结合起来，足球、歌舞和美术等特色得到彰显。1992年学校更名后，围绕"特色学校—重点学校—巴渝名校"的目标开始全面改革，德育特色、体艺特色成为推动学生可持续发展的强劲动力。

2. 新课改背景下的探索重点

2010年全市实施普通高中新课程改革以来，在章显林校长为核心的新一任领导班子的带领下，学校充分发挥教科室的主体功能，立足实际，整体规划，在课程体系建设、课堂教学改革两方面进行了重点探索。课程体系建设以"国家课程校本化、校史课程特色化、地域课程个性化、选修课程多样化、活动课程系列化"五大工程为抓手，打造以国家课程和四大精品校本课程为基本架构的广益课程，即"学导课堂、选修课程、校史课程、地域课程、活动课程"五大精品课程，整体统筹学校课程建设。课堂教学改革探索并提炼了"以学导学"课堂教学模式，即"学导课堂"。"学导课堂"以"面向全体、关注差异、异步发展"为理念，以"三环九步"为操作流程，以集学案和导案为一体的《学与导》为载体和实施条件，以增值性评价为保障。

3. 课改推进的条件和保障

为保障课改实验顺利实施，学校制定了《广益中学新课程实验方案》《广益中学课堂教学改革方案》及《广益中学校本课程实施方案》，以学期为阶段，有计划、有组织地实施，并成立督导室进行过程督查和学期评价。学校每年还拿出50万元课改专项经费，用于课程建设、课程实施、课程培训等工作；每年举办一次学术年会，对课改工作卓有成效的教师、备课组、教研组进行表彰和奖励；将课程教学改革考核纳入年度考核，与评职、评先、评优挂钩，通过激励引领教师积极进行课程改革。

（四）学校办学面临的挑战

1. 学校发展面临的挑战

在经济社会全面转型的历史时期，在高中学校多样化特色化发展和个性化、创新型人才培养的大背景下，学校发展面临的最大挑战是：百年老校如何传承历史焕发新的生机，即：如何进一步继承和发扬百年优秀办学传统，固化和创新办学特色，突破考试文化制约的千人一面、千校一面的发展困境，走出一条优势彰显、特色鲜明的可持续发展之路。

2. 应对挑战的基本认识

基于办学面临的挑战，学校的基本认识是：普通高中教育是在义务教育基础上进一步提高国民素质、面向大众的基础教育，其纵向衔接小初和高等教育各学段，横向连接学生的生活世界、学术世界和职业世界，是学生核心素养形成和为终身发展奠基的承上启下的阶段，是学生个性形成、自主发展的关键时期，对提高国民素质和培养创新人才具有特殊意义。课程是学校办学的核心，建设什么样的课程，学生就有什么样的学校生活，教师就有什么样的专业生活。课程是学校特色发展的主渠道和核心载体，学校文化和理念价值的固化和传承需要通过课程来实现。

3. 课程是学校个性化办学的载体

学校课程建设的过程是校长个性化办学的实践过程，需要进一步凝聚学校的办学理念和价值追求，进一步明晰学校的办学定位和培养目标，深度挖掘学校办学传统和校史文化的育人价值，继承、发扬和创新优势学科和特色领域，构建高度结构化并兼备基础性、开放性、选择性和时代性的课程体系，围绕个性化教学创新课程实施方式，提升教师队伍的专业水平，完善课程运作的组织、制度和机制保障，实现全程育人、全科育人、全员育人、全环节育人、全空间育人。

二、学校发展的目标和理念

（一）发展目标

学校基于新形势发展需要和办学使命，将发展目标定位在：改善办学条件，规范内部管理，优化师资队伍，深化课程改革，加快文化建设，全面实施素质教育，创设全校师生员工良好的生存与发展环境，努力把广益中学办成"管理科学、特色鲜明、质量领先、享誉巴渝"的中华名校。

管理科学：实行校长负责制下的目标管理。以目标引领构建能级管理和分层考核两大体系，推进年级和备课组自主管理，形成学校文化引领下的独具广益特色的人本管理，使学校师资队伍更有战斗力，制度建设更科学、更有人文气息，努力推进学校改革成为教育创新的典范。

特色鲜明：形成鲜明的办学特色是广益百年办学的主线。新时期将继续以"行远自迩，登高自卑"为引领突出"历史立校，文化兴校"的办学特色，坚持以特色发展为抓手，以课程改革为核心，以队伍建设为保证，以开放办学为突破口，走"内涵发展，突出特色，传承创新，锤炼品牌"的特色发展之路，大幅度提高教育教学质量。

质量领先：作为一所市级重点中学，学校必须关注每一位学生，通过多种途径，创造各种机会，搭建各种舞台，激发并培养学生自主学习研究、自主和谐发展的能力。学校将进一步强化质量意识、效益意识，紧抓师资队伍建设和教育质量绩效管理，全面推进教育教学改革，切实有效地提高质量。

享誉巴渝：学校曾有"江巴学校之冠"的殊荣，"广益三宝"之特色（足球、音乐、英语），培养了数以千计的优秀人才。新时期将践行"精细管理，提升内涵，科学发展，锤炼品牌"的工作思路，使学校更具可持续发展能力，精心打造市内一流、国内知名的品牌学校。

（二）育人目标

学校从发展定位和办学理念出发，基于未来社会人才需求，结合学生实际和发展预期，兼顾历史—未来、民族—国际、全面—个性、基础—发展等维度，提出"身心健康，人格高尚，世界眼光，有学有行"的学生培养目标，力争以文化育人、理念育人、课程育人、特色育人、环境育人，培养更多具有高度社会责任感、厚德博学、全面发展、学有特长的优秀人才。

身心健康：具有良好的心理素质和身体素质；善于博采众长、善于向先进学习，以大气形象示人，以大气作风待人；善于协作，相互鼓励、共同进步，用包容谦和的姿态接纳他人；有健康的生活方式和审美情趣。

人格高尚：具有正确的世界观、人生观和价值观，弘扬中华优秀传统文化，树立为民族振兴和社会进步做贡献的远大理想；具有法制意识，履行公民义务，行使公民权利；具有社会责任感，珍爱自然，保护环境。

世界眼光：具有开放意识和全球视野，尊重和理解文化的多样性；学会交流与合作，具有团队精神，与时俱进；能够独立生活，具有初步的生涯规划能力和活动组织能力。

有学有行：掌握必备的基础知识和基本技能，不断提升人文素养、科学素养和信息素养；具有坚定的信念和良好的品行，胸怀祖国，放眼天下；敢于质疑、善于反思、勇于探索，具有较强的创新精神与实践能力，知行合一，学至于行。

（三）办学理念

广益中学在教会办学时期揭开重庆教育近代化序幕，在杨芳龄校长接任后更是奠定学校的精神气质。1934年杨芳龄校长总结42年办学经验，为勉励师生业精于勤，努力进取，特取《礼记·中庸》中的"行远自迩，登高自卑"作为校训，喻义从基础开始，由近及远，由低到高。在事业上，"行远"是积累、"登高"是成就，"行远"与"登高"体现了"积累"与"成就"的辩证关系；在做人上，"行远"即应树立远大理想，"自迩"则要求必须脚踏实地；在做事上，"登高"即应有攀登事业和科学高峰的抱负，"自卑"即指必须具有万丈高楼从地起的务实精神。其核心是突出基础教育在人生发展中的重要地位和基础教育的基础性。

结合百年广益的历史底蕴和新时期的办学要求，学校形成了"增广学行，益国利民"的办学理念。该理念始于百年前广益中学的校名解读。英国基督教公谊会名称最初为"真正的朋友、朋友会"等，传入中国后在四川译"朋友会"为公益会，公益会在重庆创办"Friends High School"，中文校名译为"广益中学"。广，增广、扩大；益，好处。"学行"源自广益私立学校时期，杨芳龄校长以"有学无行何以立人，有行无学何以应物"，既勉以读书之勤，更勖以为人之道。

这里所谓的"行"，是德；所谓的"学"，是智。"行"引申意义为"品行"和"素养"，"学"引申意义为"学识"和"学力"。

"增广学行,益国利民"的办学理念，意指师生增长学问，完善品行，不断发展成长，成为有益于国家和有利于人民的人。品行学识并举，学习行动统一，行乃立人之根本，立德树人；学是应物之基础，明体达用。加强社会主义核心价值观教育，完善中华优秀传统文化教育，注重学生知识、道德和能力的培养，促进教师学识和德行等方面的专业发展，增强学生社会责任感、创新精神、实践能力，使师生在立身处世、做人做事等方面有利于国家和人民。

将"增广学行，益国利民"作为办学理念，是对百年广益历史和文化的传承；是广益中学推进教育改革，实施素质教育的保障；是学校今后可持续发展的动力源泉，并有广益百年辉煌做证。在"增广学行，益国利民"办学理念的指导下，学校制定了《广益中学建设和发展规划》，坚持打造示范品牌，走特色可持续发展之路。秉承"行远自迩，登高自卑"的校训精神，学校办学重在抓基础，即重点落实五个方面的"双基"要求：德育上重点抓基本文明道德教育和基本文明习惯养成；智育上重点抓基本科学文化知识传授和基本学习技能培养；体育上重点抓基本身体素质达标和基本体育锻炼技巧培训；美育上重点抓基本审美知识了解和基本艺术技能训练；劳育上重点抓基本劳动知识学习和基本劳动习惯养成。

三、课程建设的目标和任务

（一）建设目标

1. 总目标

以国家课程的高质量校本化实施为基础，以特色、精品校本选修课程的开发为补充，以研究型自选课程实现个性化定制，以校内与校外、显性和隐性、既存与动态育人环境的优化协同，整体构建与学生内在发展需求相一致的，有利于学生核心素养形成和终身发展奠基，促进教师专业发展、彰显学校特色发展的，体现"扎实基础、国际视野、精品多元、个性需求"的"学行"课程体系。

2. 具体目标：

（1）课程建设应全面贯彻立德树人和素质教育的基本理念。

课程建议要着眼于培养学生社会主义核心价值观，弘扬中华优秀传统文化，以国家课程方案和课程标准为基本原则，同时根据学校办学的优势，创造性地实施国家课程和开发校本选修课程，满足学生全面发展、个性发展、学有专长的学习和成长需要，突出在义务教育的基础上进一步促进学生核心素养的形成和发展。

（2）课程建设应与优秀人才的培养紧密联系。

课程建设要从促进学生发展的角度考虑，为满足学生个性化和社会化成长的需要，成为拓展知识、培养能力、积累经验、丰富体验的主要途径。学校围绕"课程五化"目标：即国家课程校本化、选修课程多样化、校史课程特色化、地域课程个性化、活动课程系列化，分类分步建设和实施多样化、选择性的特色课程体系，鼓励学生的自主选择和个性化学习。

（3）课程建设应与学习方式的转变、个性化的学习紧密联系。

学校将根据学生的学习需要，以"个性化教学"的学导课堂为中心，实行班级授课（必要的行政班的学习方式）、走班选修（合作学习、分组学习的方式）、自修学习（允许学生完全自主地自修学习）等学习方式，以及与信息技术的深度整合，完善有利于学生个性化学习的组织形式及相应的制度机制。

（4）课程建设应与教师的专业成长紧密联系。

从促进教师专业发展的角度考虑，教师能够在学科课程教学和开发校本过程中发展兴趣，发挥特长，实现职业价值和专业成长。教师通过参与课程开发，提高为学生发展服务的教育意识，提高课程意识和开发能力，发挥在课程建设中的主导作用。

（5）课程建设应与学校的办学理念和特色发展紧密联系。

通过课程建设促进学校的整体发展，提高学校发展的内在动力和持续更新能力，增强学校的核心竞争力和办学品质，实现学校的个性化办学。

（二）建设任务

贯彻《国家中长期教育改革和发展规划纲要（2010—2020年）》和教育领域综合改革精神，落实立德树人和素质教育的基本要求，围绕"身心健康，人格高尚，世界眼光，有学有行"的育人目标，以"课程建设满足每一个学生个性化发展需要"的理念为指导，整体规划学校课程建设，突出基础性、多样性、开放性和选择性，围绕个性化教学的"学导课堂"创新课程实施方式和工作机制，逐步构建符合高中课改要求、特色鲜明、效果显著的"学行"课程体系（SAT），构建以"益信、益品、益智、益行、益身"为目标的五益课程群，促进学生全面而有个性的发展、教师持续的专业发展和学校的特色发展。

1. 文化统领，经纬交织

落实新时期普通高中教育立德树人的基本要求，围绕学生作为"整体的人"的发展，以学校文化为统领，构建"有行"课程与"有学"课程交织的网状课程结构。前者重点培育学生的"品行和素养"，提高学生的思想品德素质、心理素质、行为素养，涵养学生品性；后者重点培育学生的"学识和学力"，强调高中学生要达到的知识能力基础，培养学生终身学习的能力。

2. 整体设计，开放多元

整体规划学生学校课程生活，注重实践与创新，以学生个性与能力发展为核心，将课程按人才培养目标，横向分为"益信课程、益品课程、益智课程、益行课程、益身课程"，纵向分为以国家课程校本化实施、多样特色选修课程、学校文化为核心的活动及潜在课程为依托的基础类、拓展类、研究类三层，并融通综合素质课程形成一体化框架。

3. 整合互补，提升实效

课程建设突出整合、协同和互补。一是语言与文学、科学与技术、人文与社会、艺术与体育、综合实践等课程领域在培养学生素质上的协同与互补；二是学科课程、德育课程、活动课程与潜在课程的协调互补；三是高考科目与非高考科目在成就学生未来中的协同与互补。体现普通高中教育作为学生适应社会生活、职业发展和高等教育的基础。

4. 分层分类，个性选择

学科课程设置必须以学科知识体系和内在逻辑结构为依据，考虑学科知识和学科能力的渐进性，分层次、有步骤地、系统地推进学科教学；非学科类选修课程以分类为主，满足学生多样化选择和个性化需求。

5. 重点打造，凸现特色

在整体课程建设中突出重点和固化精品，不断优化学导课堂教学模式，提升教学质量；进一步推进校史课程、国际课程、体艺课程、地方课程和初高衔接课程建设，进一步继承和发展学校特色和优势项目，培育办学特色，成就教育事业。

（三）建设重点

从"历史与现实、中西与地域、特色与创新"三维思考学校课程整体建设，规划未来五年学校课程建设的重点：

1. 学校文化建设与校史育人价值的深度挖掘；

2. "学行课程"（SAT）的结构化设计和五益课程群的初步形成；

3. 学科课程顶层设计、个性化教学与分层走班的创新性实施；

4. 以国际视野和国际理解教育为突破口寻求新的增长点；

5. 以课程建设为载体的教师团队的优化和专业发展；

6. 以课程建设为核心的学校组织、制度和机制的调整与变革。

四、课程顶层设计和结构

"学行课程"体系（SAT）坚持以"身心健康，人格高尚，世界眼光，有学有行"的育人目标为出发点和归宿，"有学"课程依据课程共同基础和个性发展以及自主选择程度的不同，实行纵向分层，建设"基础—拓展—研究"三维立体的课程结构，它以面向全体的"基础·必修"为起点，同时以"拓展·选修"呈现出丰富性和选择性，并以学生发现自己、形成发展方向的"研究·自主"课程为高点目标设计；"有行"课程横向分块、建设"思想品德，学业水平，身心健康，艺术素养，社会实践"三维立体课程结构，"有行"课程与"有学"课程经纬交织，纵向分类建设"益信、益品、益智、益行、益身"五大领域课程群。课程结构图如下：

（一）"有学"课程

"有学"课程重点培育学生的"学识和学力"，包含"语言与文学、数学、人文与社会、科学、技术、艺术、体育与健康"、"综合实践活动"八个学习领域课程，强调高中学生要达到的知识能力基础，培养学生终身学习的能力，在三维目标中重点体现"知识与技能，过程与方法"，属于学校核心课程，依据课程标准中必修内容的基本要求，结合本校学生实际情况和育人目标，重点围绕学生主要学科学力的提升与转变教学方式的内容相整合，进行学科顶层设计和校本化实施，纵向上分为基础—拓展—研究三个层次，突出学科的核心概念、主干知识及思想方法，基本能力以及高中学生基本学习方法的培养。

1. 基础课程

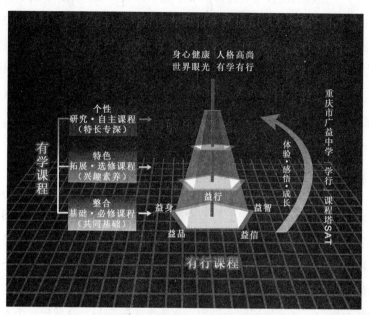

重庆市广益中学"学行课程"塔SAT

此部分课程属于学校核心课程，依据课程标准中必修内容的基本要求，结合本校学生实际和育人目标，重点围绕学生主要学科学习力提升和转变教与学方式的内容整合和校本化实施，突出学科的核心概念、主干知识及思想方法，基本能力以及高中学生基本学习方法的培养。

基础课程加强学科的顶层设计：（1）突出内容整合，强调基础性。内容整合应该是所有学生都必须学的、以后都需要的，体现少而精的特点，通过整合以让学生高效完成基础课程的学习，为更好地修习选修课程和自主研究课程留出空间。（2）按照学生差异和课程的难易程度，实施课程分层开发和教学，满足学生多元发展和最大限度的发展，并在实践过程中不断完善体现核心素养的学科知识体系。

2. 拓展课程

此系列学习内容分为学科拓展与兴趣素养两类，包括各学科课程标准规定的选修Ⅰ、选修Ⅱ和学校自主开发的特色校本课程（即选修课程Ⅰ中非必选课程与选修课程Ⅱ、校本课程系统整合，形成学校丰富多彩的校本特色选修课程）。学生根据自己的兴趣可以选择1—2个领域。在此基础上，围绕学生多样化、个性化需求和学校特色发展方向，开发丰富多样、可供选择的课程类型。还可逐步引入大学先修课程、国际高中主流课程和优质国际课程资源等，与现行课程进行有机融合与补充，突出学生的自主选择、学校的特色课程建设和学校文化的育人价值。

3. 研究课程

此类课程以研究性学习方式对在科技、体育、艺术、学科等不同领域有浓厚兴趣的学生提供自主发展空间，通过领域特长专业培训、大学先修课程、学科竞赛课程、科技俱乐部、学生社团研修等途径，在校内外指导教师、专家身边开展研究实践，发展特长，使学生个性潜能向高水平发展，使学生逐步找到自己的人生方向。它以解决实际问题为导向，注重知识综合应用，强调个人探究与导师指导、个人学习与团队合作学习相辅相成，重在给学生以大学前的知识铺垫、方法指导、信息储存、思维训练和未来志向等方面的引导。"研究课程"可分为校内与校外两部分，内容和形式由学生自己选择。在校内可以"书院"形式开展，时间安排在每天下午放学之后；校外主要在假期进行，学生利用假期自主完成一个相应选题的学习过程和课程报告等。

（二）"有行"课程

"有行"课程重点培育学生的"品行和素养"，落实三维目标中的"情感、态度、价值观"，全面贯彻党的教育方针，结合百年广益的历史底蕴，弘扬中华传统文化，围绕社会主义核心价值观和学校"一训三风"的文化内核，拓展育人渠道。以学生综合素质评价的五个维度进行分类构建"有行"课程，促进学生由"他律"到"自律"的自我教育过程，提升学生综合素养，最终实现"有行"课程"品行培养"的发展任务，固化和创新学校特色。

1. 思想品德课程

此类课程主要培养学生在爱党爱国、理想信念、诚实守信、仁爱友善、责任义务、遵纪守法等方面的素质。学校依托各学科德育指导纲要，在学科教学课程实施的各个环节有效落实德育目标，融德育于教学之中，通过教学提高学生的思想品德素质、心理素质、行为素养，涵养学生品性，提升学生的生活品位。

2. 学业水平课程

此类课程主要培养学生各门课程基础知识、基本技能掌握情况以及运用知识解决问题的能力等。课程重点是面对学生学业水平考试，同时结合选修课程内容和研究性学习与创新成果等，更新和发展学校优势学科。

3. 身心健康课程

此类课程主要培养学生的健康生活方式、体育锻炼习惯、身体机能、运动技能和心理素质等。重点是面对《国家学生体质健康标准》测试，培养学生体育运动特长项目，提升学生参加体育运动的效果和应对困难和挫折的能力等。

4. 艺术素养课程

此类课程主要培养学生对艺术的审美感受、理解、鉴赏和表现的能力。重点是挖掘学生在音乐、美术、舞蹈、戏剧、戏曲、影视、书法等方面的兴趣，并将之发展成其特长，鼓励学生参加艺术活动。

5. 社会实践课程

此类课程主要培养学生在社会生活中动手操作的能力。重点是学生参加的实践活动以及形成的报告成果等，如与技术课程等有关的实习，生产劳动、勤工俭学、军训，参观学习与社会调查等。

社会实践是学生学校生活的重要组成部分，也是学校最富有生机的亮丽风景线。后续学校社会实践课程建设的重点是：（1）进一步挖掘社会实践在学生成长中的价值和意义；（2）进一步整体规划社会实

践课程的发展布局；（3）规范社会实践课程的组织管理和效果呈现，
增强校园活力。

（三）"五益"课程群

"学行"课程交汇融合的课程结构由"五益"课程群，即益信
课程群、益品课程群、益身课程群、益智课程群、益行课程群直接支
撑。"五益"课程群按培养目标分类，整合国家、地方、校本三级课
程进行一体化建设。

重庆市广益中学"五益"课程群

1. 益信课程群

此类课程群主要以培养学生的理想信念基本定位，包含爱国主义
教育、理想信念教育、人生规划教育、责任感养成等课程。

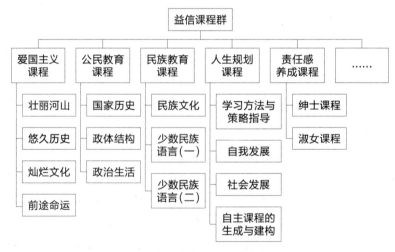

重庆市广益中学益信课程群

（1）爱国主义课程——侧重对学生进行树立热爱祖国并为之献

身的思想教育，是思想政治教育的重要内容。通过课堂、讲座和实践的方式，培养学生热爱祖国的壮丽河山、悠久的历史、灿烂的文化，关心祖国的前途和命运爱国主义信仰。

（2）公民教育课程——侧重于培养学生在现代社会里，有效地参与国家和社会公共生活、培养明达公民的各种教育手段的综合体；更着重养成其参与国家或社会公共生活一分子必要知识的公民学科。在具体的课程设置中加强学生对国家历史、政体结构和政治生活过程的理解，并通过积极参与学校和社会的活动来获得公民教育，最终在知识与理解、技能与态度、价值与性向等各个方面培养学生，使学生在未来的成人生活中能够真正行使公民的职责。

（3）民族教育课程——侧重于培养学生民族团结、民族理解、民族包容力。积极开展各民族历史文化教育，基于校内生源构成，创设条件开设两种或多种少数民族语言文化供学生选择修习，培养学生的接纳、理解和团结意识。

（4）人生规划课程——侧重培养学生科学地规划自己的学业和生涯发展的能力。主要开设有关"学习方法与策略指导""如何科学认识自我发展（包括禀赋、兴趣、人格等内在条件）""发展的社会""认识学业（包括学校、课程特点、课程选择等）""自主课程的生成与建构"等内容。

（5）责任感养成课程——侧重培养学生的责任心，养成对自己负责，即一个人要懂得尊重自己的感情和理想，照顾自己的成功快乐；对社会负责，这是人类文明进化的体现。通过"绅士课程"和"淑女课程"把学生培养成有责任感的人，他们会竭尽所能去完成该负的责任，会顾及他人需要，不推卸责任，因此更容易获得别人的信任、认同和支持，也更容易感到对群体有所贡献，因而提升能力感。

2. 益品课程群

此类课程群主要是培养学生的品德和做人修养，包含文明礼仪、传统美德、品德修身等课程。在课程建设中，将学校文化建设与深度挖掘校史的育人价值结合起来，以校史课程教材为载体，进一步丰富和完善课程形态、内容和实施方式，将该课程群作为学生必选课程进课表。

（1）校史文化课程——侧重对学生进行"知校、爱校、兴校"教育。凭借百年历史，深化"理念文化、中西文化、名师文化、名校友文化、环境文化"五种文化建设，以校本教材《浩然文峰　百年广益》为基础，继续开发校史文化课程，形成系列校本特色课程。

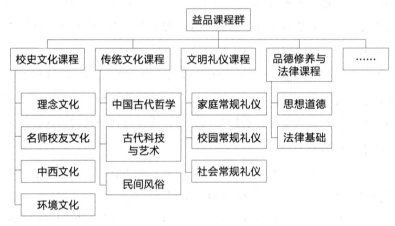

重庆市广益中学益品课程群

（2）传统文化课程——侧重于使学生了解中国传统文化。本课程从物态文化、制度文化、行为文化和思想文化四个方面入手，对中国传统文化进行介绍。主要包括中国古代哲学、科技、艺术、民间风俗等方面的基础知识和基础理论。

（3）文明礼仪课程——侧重于使学生了解、掌握并使用家庭常规礼仪，上下代人加强沟通，消除代沟，建立上、下辈之间朋友式的关系，享受温馨的家庭生活。同时，掌握并使用校园常规礼仪，使同学之间能够以礼相待，和睦相处，团结协作，互助互爱；建立朋友式的师生关系，使师生间交往自然亲切，从而形成良好的校风校貌，最终掌握并使用社会常规礼仪，使自己更好地融入社会生活中，让自己处处受到欢迎，得到尊重，使自己的社会生活充满快乐，从而培养积极健康的人生态度。

（4）品德修养与法律基础课程——侧重于帮助中学生科学认识人生，加强道德修养，树立应有的法治观念。课程的主要任务，就是从当代中学生面临和关心的实际问题出发，以正确的人生观、价值观、道德观和法制观教育为主线，通过理论学习和实践体验，培养良好的思想道德素质和法律素质，进一步提高分辨是非、善恶、美丑和加强自我修养的能力。

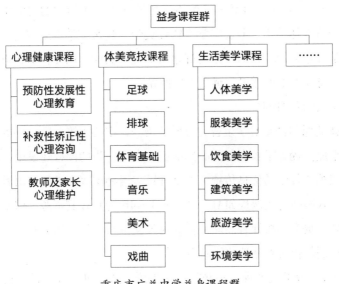

重庆市广益中学益身课程群

3. 益身课程群

此类课程群主要是培养学生的身心素质和艺术修养。以体育、心理、音乐、美术以及相关拓展课程为基础，进一步完善条件开设艺术和体育选修课程，加大学生选择面，促进学生个性化学习，特别是固化足球、美术、音乐等优势学科和特色，培养学生健康生活方式和审美情趣。

（1）心理健康课程——侧重于提高全体学生的心理素质，使学生不断正确认识自我，增强调控自我、承受挫折、适应环境的能力，培养学生健全的人格和良好的个性心理品质，对少数有心理行为问题和心理障碍的学生，给予科学的心理咨询和辅导，使他们尽快摆脱障碍，调节自我，形成健康的心理品质，提高其心理健康水平。针对教师和家长也进行必要的心理维护。

（2）体美竞技课程——侧重于对学生身体素质、健康的生活方式和审美情趣的培养。主要开设足球、排球等体育运动，音乐、美术、戏曲等艺术课程，锻炼学生强健的体魄、顽强的意志和生活的情趣。

（3）生活美学课程——侧重于培养学生在生活中的美学素养，具体涵盖人体美学、服装美学、饮食美学、建筑美学、旅游美学、环境美学等丰富内容，为学生更好地认识美的真谛，以多种课程形式让学生置身在美的海洋里，感受美的世界。

4. 益智课程群

此类课程群是对学生智力层面的培养，主要由语、数、外等基础学科组成，涵盖学校大部分必修课程。在下一步的课程建设中，将继承学校英语教学的优良传统，尝试开设多语种课程和进行双语教学；逐步引入国际优质课程如AP、IB、A-level等课程及其资源，借鉴国际课程理念提升本校课程品质；扩大对外交流与合作，加大开放办学力度，开创学校对外办学的新局面。

（1）统考类课程——侧重于学生语、数、外三大基础学科的知识和能力培养，并根据学生实际情况进行分层、走班等教学方式，实现尊重学生学习方式的独特性和个性化的目标。

（2）选考类课程——侧重培养学生在政治、历史、地理、化学、生物……科目的知识和能力，通过学生自选的方式，赋予学生课程学习的选择权，学生可以文理兼修、文理兼选。课程设置紧密联系社会实际与学生生活经验，在全面考核学生基础知识和基本技能的基础上，注重加强对能力的培养。

（3）特需类课程——侧重学生学科特长和特殊能力的培养，突出以学科知识或现实问题为载体的知识拓展，实现尊重学生学习方式的独特性和个性化的目标。主要开设奥数、留学课程及大学先修课程等。

（4）国际理解课程——侧重国际视野、国际理解力的培养。在学校传统优势学科英语课程建设的基础上，积极开展国际理解教育，开设英美概况、英美文化等课程，引入国际高中主流英语课程和国际交流中使用较多的语种，创设条件开设两种或多种外语供学生选择修习或尝试双语教学，培养学生的开放意识和全球视野。

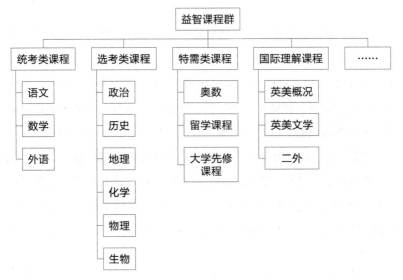

重庆市广益中学益智课程群

5. 益行课程群

此类课程群主要是培养学生的实践能力，包含综合实践活动、信息与技术、科技与发明、社团活动、游学课程等。此外，依托独特地域资源，包括旅游文化、抗战文化、饮食文化以及诸多社会资源，开发地方特色课程，将实践与地方特殊相结合，不断丰富学校选修课程体系。

（1）地域特色课程——侧重学生了解家乡、热爱家乡情感的培养。依托南山地理优势，充分挖掘地域资源，包括抗战文化（德国使馆、空军坟等）、大禹文化、开埠文化、旅游资源（南山植物园、一棵树等）、珍稀植物等具有浓厚地域特色资源的价值，形成独具特色的系列乡土课程。

（2）领袖气质课程——侧重学生领导力、活动组织能力的培养。引入和开发中学生领导力、模拟联合国、青年训练营、灵活性和适应性、自我导向、团队精神、对多样性的欣赏、问责制和领导力等主题课程，提升学生的团队协作、交流交际等统筹、规划、行动的能力。

（3）创意实践课程——侧重实践能力和创新精神的培养。围绕全球意识、金融、经济、商业等内容，设计和开展跨学科的主题活动、体验学习和项目教学，也可安排职业体验、社会考察、公益活动、志愿者服务、团队活动等，为学生提供多样化的真实的实践体验和团队协作的机会，增强学生服务社会、服务他人的意识和能力。

（4）名人名家课程——邀请名家大师或各领域的领军人物为同学们做讲座，同学们可以从他们的讲座中了解成果的要素，引发自己对人生及职业的思考。同时，安排我校优秀教师为同学们就某一领域的研究成果，为同学们的学科素质提供养分。如广益书院、文峰学堂等。

（5）境外游学课程——一般是在寒暑假进行，到国外或者港澳台等地参访、交流。

五、课程建设的实施和管理

（一）课程实施

1. 基础·必修类课程

（1）内容：整合与分层·必修课程校本化

各学科以教研组长为首成立学校必修课程校本化实施研究小组，对各学科必修模块内容进行研究分析，根据学生的能力和需求将原有国家课程体系的必修模块进行顺序上的梳理重组，通过重组、补充、取舍、替换、拓展和调整等策略对教材内容进行适当的处理，使之更符合学校培养目标，补充联系现代生活、生产、社会、现代科技内容，形成帮助全体学生理解掌握学科核心知识和技能的新体系。根据学生学力差异、发展方向的不同，遵循因材施教、分类指导的原则，国家必修课程进行分层教学。力争通过高一年级有针对性的分层教学，有效提升学科基础略弱学生的水平，促进拔尖学生的竞争力及其引领作用，从而提高学生完成学习国家课程的质量和水平。

（2）教学：个性化学习·学导课堂·学科特色

深化"面向全体，关注差异，异步发展"的课堂教学理念，贯彻落实"课堂教学的重难点不一定是教材的重难点，而是学生的最近发展区"的有效教学目标，按差异教学的理论，学生的实际需求，结合学生实际，从三维目标出发，找出学生最近发展区，满足不同层次学生需求的课堂教学目标。改变教学方式和学生的学习方式，通过探索与实践，努力打造不同学科、不同课型的学科有效教学模式，特别是进一步提炼以"三环九步"为操作流程、以集学案和导案为一体的《学与导》为载体和实施条件、以增值性评价为保障"学导课堂"模式，彰显各学科特色和教学风格。

2. 拓展·选修类课程

（1）内容：分类·选修

学科拓展类选修：一是选修Ⅰ的部分模块作为高层次班级的必选课程；二是面向全体学生，各学科在高中三年根据学生的学习基础在相应阶段开设选修Ⅰ模块（原则上选修Ⅰ模块全部开设）。校史文化类课程、地域特色类课程、人生规划类课程、领袖气质类课程、体艺健康类课程、创意实践类课程、国际理解类课程可集中时间分年级开始，由学生自由选择形成个性化课程表修习。

（2）教学：长短课时·走班教学

拓展·选修类课程着眼于学生不同需求、潜能开发、个性发展

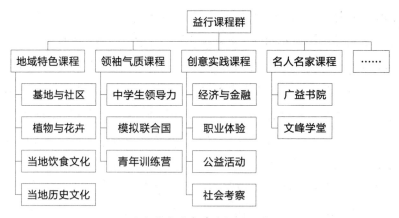

重庆市广益中学益行课程群

而形成，根据课程需求设置弹性学时和课时，分年级或跨年级走班上课。艺术、体育类课程需固化选修走班制教学。艺术课程的美术设计、美术工艺、摄影摄像、书法、歌唱、器乐、舞蹈、戏剧模块同时开设，学生自主确定选修模块学习。在体育、美术学科进行试点，探索"双主"教学的教学方式和学习方式，同时学校进行整体构建，借助专家引领，同步进行，创造性地形成学校课堂教学模式。

3. 研究·自主类课程

（1）内容：个人或小组定制

根据学生个性化需求由学生自选或在导师的指导下选择修习内容。

（2）实施：书院制·导师辅导·团队学习

根据学习内容和学校实际灵活采取书院制、导师辅导和团队学习等方式。

（二）课程管理

1. 教学组织及管理制度

（1）选课制和走班制

学校成立"学生发展中心"，在心理辅导、选课指导、学法指导、发展规划指导方面指导学生发展。采取专家指导（定期讲座）、导师制与班主任并行方式，对学生选课进行指导。在国家必修课程和必选课程的实施中，打破传统行政班机制管理，依据学生的发展规划与意愿进行编班，在必修课程和选修课程的实施中均采用走班制，最大化地满足学生在某一领域中进一步提高素养的要求。

（2）导师制和学长制

导师制与班主任制相结合。导师负责解答学生学习、生活中遇到的各种问题。每个学生都有权利就任何学习中的问题或学校里的日常事务约见导师。班主任主要负责学生的行政日常事务，组织每星期一次的例会，向学生传达学校的教学计划，安排集体活动，解决学生日常生活中遇到的问题。导师要定期向班主任汇报学生思想、动态，以便班主任掌握整体情况。导师和班主任共同配合来解决个别学生的问题。

学长制与学生自我管理相结合。学长制是一些品学兼优的高年级学生经选拔可担任低年级学生的指导工作，以自身的经验和体会帮助新生尽快适应高中学生生活。学校还重视学生的自主教育、自我发展，充分利用学生课程资源，可以根据学生的要求，经课程发展中心研究确定，由学生自主开发课程；通过生涯规划课程，让学生学会如何管理自己的时间，如何规划自己的人生。

2. 课程开发及管理制度

（1）学校制定课程开发管理方案，具体流程包括：学生需求调研、学校条件和课程资源分析—课程建设方案制定—开发团队申报并编写课程纲要—学校评审备案—组织开发—编写选课手册—学生选课—编排课表—走班上课—学分认定、课程评价—总结改进。

（2）课程规划主推方向是国家课程校本化开发和管理，将国家层面规划和预设的面向全国所有学生学习需求的课程进行改编，具体内容包括：对教材的校本化处理，与学校本位的课程整合，学校教育政策的综合调整，以及对课程评价的校本化管理等多样化的课程自主管理等。其基本流程遵循学校制定课程开发管理方案。

3．教师发展及管理制度

（1）进一步强化常规管理

强化教学管理，规范教与学的时间分配，严格规定学科课时，保证学生的自主学习时间；细化教学准备、课堂教学、教后辅导诸环节的管理，完善学生自主学习时间内的辅导制度；发挥教学日志的重要作用；加强教学督导组的督导；特别是新课改学分管理以及评价和认定，合理运用学分管理手段，促进学生学习态度的转变，引导学生全面发展、特长发展和自主发展。进一步完善《广益中学班主任工作考核条例》，加强对班级常规工作的考核，加大班主任培训机制建设，深化德育督导工作的制度化建设。

（2）提升教师的业务水平

近期教师业务提升的重点放在完善备课组教研制度上。备课组要做到备课组长负责，做好每次集体备课情况记录，做到"三定""四备""五统一"，即定时间、定内容、定中心发言人；备教材、备教法、备学生、备学法；同一个层次的教学班级要统一教学进度、统一教学目标、统一教学重点、统一作业练习、统一测验考试，在教学风格上倡导百家争鸣，各具特色。每学期备课组要依据本年级该学科的教育教学实际问题，进行提炼和聚焦，形成微型课题，以备课组为研究团队进行研究，以有效解决教学工作中的实际问题。

（3）增强教科研训的实效性

整合教研、科研和培训，实现教科研训一体化。制定《广益中学校本培训方案》，扎实开展校本研修，借助专家引领、校本培训、同伴互助、课堂观察等手段开展课堂教学研究，使教学研究更加系统，更具有针对性，制定教师个人专业化发展规划，推进研究型、学习型教研组和备课组建设。加大课题的研究力度，重点解决教育教学中的重点和难点问题。通过激励导向，以课题带项目，以项目促成果，根据学校发展需要，尽力争取市级重点课题或国家级课题的立项研究，把校本课题的研究作为重中之重，大力开展问题式研究及解决策略，实现教师人人参与研究。

（三）时间安排

1. 第一阶段：2015年1月至2016年1月

完成对课程历史的梳理、继承和延伸；开展对课程体系的解读工作；构建教育质量评价系统；进行多元评价建设工程的前期准备；完成规划实施的平台建设。

2. 第二阶段：2016年1月至2017年3月

围绕课程体系健全完善工程的实施，从学科顶层设计、学科课程开发、"五益"课程群建设等方面继续推进"学行"课程体系的架构，完成SAT体系基本结构建设。

3. 第三阶段：2017年3月至2020年6月

通过课堂教学改革创新工程、学校特色发展推进工程等具体项目，建立独具广益特色课程体系，形成特色学校。

4. 第四阶段：2020年6月至2020年12月

继续完善课程体系，完成特色学校建设任务，开展总结，并准备新规划的制定。

六、课程建设的评价和保障

（一）课程评价

1. 模块考核与学分认定

根据教育部《关于积极推进中小学评价与考试制度改革的通知》和《重庆市普通高中新课程实验课程设置及实施指导意见》和《重庆市普通高中学生学分认定管理办法》以及《南岸区普通高中新课程实验工作的指导意见》，结合学校课程方案和学生培养目标，坚持多样性、多元性、过程性、实效性的评价原则，建立学分认定及管理的组织机构并明确各机构工作职责。

学校成立学分认定委员会，由校长主持，由有关校、处领导和各学科骨干教师组成。学分认定委员会制定必修模块、选修模块、专题教育、研究性学习、社区服务、社会实践学分的具体认定方法，规范学分认定程序，审批各科目具体实施细则，并对模块考核的成绩和各科目教师所初步认定的学分进行审核、确认。

2. 综合素质评价

根据《国务院关于深化考试招生制度改革的实施意见》和教育部《关于加强和改进普通高中学生综合素质评价的意见》《关于普通高中学业水平考试的实施意见》，贯彻落实重庆市教委《普通高中学生综合素质评价方案》等文件的精神，结合学校课程方案和学校的学生培养目标，实行学生学业成绩与成长记录相结合的综合评价方式，对评价目的、评价原则、评价指标体系以及评价的组织实施进行明确规定。评价过程坚持发展性原则、自主性原则、过程性原则、激励性原则、共同建构原则等；评价指标体系包括基础指标和发展指标；在评价组织实施过程中，力求操作简易，多主体评价（导师评价、学长评价和学生互评），客观、公平，以促进学生发展为目的。

（二）课程保障

学校建立"立体"的课改支持系统，将社会资源整合进学校，将学校资源延展至社会；改革办学运行机制，行政围绕育人运转，管理突出业务中心；要建立全员育人的工作机制，为学生的成长提供更具体、更贴心的帮助，同时发挥学生的自主作用，调动学生自理、自立的发展积极性。

1. 组织保障

学校成立以校长担任组长的课程建设领导小组、以校内外专家组成的专家顾问组和以相关职能部门组成的工作组开展工作。学校各部门在各个环节中全力配合，教学、科研、学生管理、图书馆乃至后勤等部门都将制定配套方案，为学生培养提供全方位支持。逐步推进三个中心（课程发展中心、学生发展中心、教学发展中心）建设，加强年级组和部门团队建设，实行校级干部挂靠年级和教研组，中层干部深入年级的管理措施，干部进一步明确分工及职责，工作到位，评价及时，整合优化，改进提高，努力追求并实现统一、和谐、高效的局面。

2．制度保障

为完善整体课程方案、选课制度、教学研究和科学研究平台建设、实验室开发与管理制度等，学校分别制定和完善了相关制度建设。后续还需进一步完善《广益中学课程改革工作方案（试行）》《广益中学学生选课指导手册（试行）》《广益中学选修课程管理方案（试行）》《广益中学校本教研工作实施方案（试行）》《广益中学学生综合实践活动方案（试行）》《广益中学学生手册（试行）》《广益中学学生综合素质评价实施方案（试行）》等系列课程改革的文件，以制度机制规范和保障课程的顺利实施。

3．师资保障

课程建设中形成一个结构合理、开拓进取、作风正派、团结协作的可持续发展的干部队伍是关键。学校力争在五年内培养1—2名特级教师，突破无学科带头人的状况，市级骨干教师增加3—5名，区级骨干教师达到10%~15%。在不同学科中培养教学能手，树立标兵，激发广大教师争先创优的热情，努力成为校级骨干教师和学科带头人。力争在5年内30%~50%的教师成为校级骨干教师和学科带头人，成为保证学校特色发展的中坚力量。

4．物质保障

充分发挥学校教学楼、实验室、图书馆、体育场馆等教育资源的作用，以为学生个性化、综合性、实践性的学习提供物质保障。另一方面，完善学校信息化管理平台。进一步建设"学生必修课程管理系统""学生选修课程管理系统""学生研究及实践课程管理系统""模块考核与评价管理系统""学生综合素质评价管理系统"和"教师专业化发展评价管理系统""学生学业成绩评价系统"等管理软件，实现课程管理的精细化、信息化。

5. 资源保障

积极开发和利用校内外课程资源，为课程开发和实施奠定坚实基础。课程资源开发和利用的主要途径有：一是和兄弟学校联合开发；二是与高等院校联合开发；三是直接选用培训机构的课程服务；四是依托地方产业、行业优势，联合开发地域特色类选修课程；五是尝试让学生参与教学材料的动态生成，让学生从课程消费者转变成为课程开发者；六是挖掘家长和校友资源，鼓励学生家长开设选修课程，引入校友资源开设校友课程。

6. 经费保障

坚持凡是有利于课程建设和发展的，优先保障经费投入。预算内基本建设投资切块一定比例用于课程发展，争取上级财政支持，申请专项经费用于课程建设和发展；拓宽融资渠道，充分发挥校友会力量，发动广大校友，为学校课程发展捐资出力。在保证学校教职工福利的情况下，学校竭尽所能筹集资金，推动学校课程建设深入发展，做出精品、亮点，发挥辐射示范作用。

七、课程建设的重大工程

（一）教师队伍建设推进工程

教师队伍建设推进工程是课程体系构建、完善、实施及可持续发展的基础性工程。工程着眼教师队伍能力提升，并根据课程建设与发展总体规划，结合学科专业建设需要开展教师培训。同时，以广益中学已经开展的"学导课堂"为基础，继续推进以学导学的科学实践，加强学科组建设及名师工作室的引领作用，促进课程建设与教师专业发展的同步推进，使教师队伍建设与重点学科、特色专业、创新平台、重点科研项目建设紧密结合。

1. 教师培训项目

学校组织教师全员参与学习学校课程建设规划，领会学校课程建设目标和方向，并结合学科课程进行拓展，开展因需而设的校本培训和高端培训。

2. 名师工作室项目

每一学科培养一名或多名骨干教师，引领学科建设的发展，通过学校搭台，教师申报，建立名师工作室，集中力量建设重点学科。

3. 学科组建设项目

加大教研组团队建设，遵循当前管理思路，设置学科主任，统管学科建设和发展。

4. 学导课堂推进项目

继续传承和发扬学校前期课堂教学改革的成果，进一步推进"以学导学"的学科化，使其更契合学科特点，深化学导课堂实施。

（二）课程体系健全完善工程

课程体系健全完善工程是课程建设的核心。工程目标在于实施学校课程顶层规划，组织建设五益课程群，同步开发学科课程，逐步健全完善学校特色课程体系。

1. 课标解读项目

以各学科组为单位，对课标进行系统的解读和学习，最大限度发挥课标对课程建设的引领作用。

2. 学科课程顶层设计项目

各学科根据课标以及现行高考要求，实施学校课程顶层规划，对学科课程进行整合和拓展，推进国家课程校本化实施。

3. 学科课程开发项目

学科组遵循高考相关要求，着力开发与之相匹配的课程，并进行申报，学校课程中心依托项目形式推进学科课程的实施。

4. "五益"课程群建设项目

根据培养目标，整合三级课程，汇聚而成的"五益"课程群是具体课程实施的载体，着力进行每类课程的实施和建设。

（三）课堂教学改革创新工程

　　课堂教学改革创新工程是课程建设的抓手。课堂教学能否顺应课程体系建设实现改革创新，将直接影响着学生的培养和教学质量的提升。工程将进一步推进创新课堂建设，强化和探索教学方法改革，注重理论教学和实践教学的紧密联系，注重学生自学能力的培养。依托信息教育技术，采用现代化教学手段，完善教学组织形式管理建设。

　　1. 教学方法变革项目

　　倡导启发式、讨论式、情景式、问题式以及协作互动式教学方法，个性化的开展教师教学方法变革。

　　2. 教学技术改进项目

　　充分利用信息技术平台及现代化教学手段，推进学校教学技术改进与更新。结合现有现代化教学设施，充分发挥互联网的作用，推进课程资源共享，教学研究信息化发展。

　　3. 教学组织建构项目

　　完善学校教学组织形式的管理建构和规范任务，与时俱进，变革学校教学组织，推进学科建设发展，使之更有效地为学校教育提供高效服务。

　　（四）多元评价建设工程

　　多元评价建设工程是课程建设的保障。工程要根据课程规划和相关文件对现有评估体系进行健全和完善。通过涵盖学生生涯规划、教师教学质量、综合素质养成、信息技术配套设施的评价等方面，形成改进意见和建议，促进课程建设水平的提高，并建立有效的激励机制和问责制度，以确保课程建设的顺利进行，达到提高教育教学质量的效果。

　　1. 学生生涯规划项目

　　对学生的学习、生活、升学及就业给予关注和系统化的指导。组建专业的教师团队，成立学生生涯发展指导中心，形成系统化、规范化的组织系统、管理系统和指导系统。

2．教师多元评价项目

实行教师多元评价，综合学校、学生、家长、科室评价指标，将教师评价结果与绩效考核挂钩。

3．综合素质评价项目

依据教育部综合素质评价的五项指标，抓紧学校综合素质评价任务的推进。建立健全综合素质评价的制度，组建综合素质评价组织系统，引进现代信息技术手段，保证评价的公正、公平，助推学生全面发展。

（五）学校特色发展推进工程

学校特色发展推进工程直接助推课程建设目标的实现。工程根据学校的基本定位和国际化办学特色，积极探索建立符合本校实际的精品课程和学科创新实验基地，以"学行"文化为基础和方向，在实现SAT课程过程中，同步完成特色高中的建设。

1．特色高中建设项目

特色高中建设是实现广益梦的目标和方向，抓住现有教育相关政策，推进一校两区建设的功能定位和发展定位，处理好义务教育和非义务教育的并存关系，逐步推进学校高初中分离，及早准备特色高中建设所需的条件，努力实现特色高中建设的目标和愿景。

2．国际化办学推进项目

继承学校办学传统，结合当前高中教育发展的趋势，依托大学、机构等组织，借助外界师资，搭建国际通道，引进国际课程，逐步扩大和推进学校国际化办学的发展。

3．精品课程建设项目

根据学校育人定位，充分挖掘学科拓展课程的育人价值，发挥校本课程特色优势，以校为本，通过学校项目管理制度，以项目形式推进学校精品课程建设。

4．创新实践基地项目

紧抓重庆市学科基地建设的契机，加大学科建设力度，遴选有实力的学科组，实施导师制，按照创新实验基地建设的相关要求，重点打造2—3个学科创新实验基地的建设，并最终成为重庆市有影响力的学科。

本规划在校长的领导下，在学校课程中心的直接部署和推动下，通过全体教师学习讨论研究，经过专家指导完善，最终形成各学科课程推进计划并在全校实施。

学行教育的素质教育思考

　　重庆南山文峰塔是广益中学校一道独特的风景，在广益中学这个百年校园培养的人才的记忆中始终少不了文峰塔的影子。据史志记载，文峰塔建于清道光年间（1850），距今已有170年历史，它是重庆主城的一座名塔，也曾是重庆最有看点的风景。"文峰塔峭立山巅，凡七级，高逾十丈，万松围护，攒天一碧。"如此，广益中学的学行教育办学特色，在重庆市基础教育丛林中，也恰好是一座"文峰塔"，成为巴渝教育的看点之一。

　　从学行理解与内涵、学行教育的文化建设、学行教育的课程体系、学行教育的学生学行素养的培养以及学行教育的管理等方面，可以整体上对学行教育的来龙去脉有比较清晰的认识，同时也对广益中学的办学理念、教育目标、百年校园取得的教育成就有深入的了解。现在可以说，在众多的教育思想、教育理想和教育实践中，学行教育确实具有传承与创新的作用。

　　从教育思想的传承上讲，学行教育是对中国古代的"知行合一"思想和儒家"学思做"教育思想在一定程度上的继承。学行教育的"学"和"行"，二者不仅是"知"与"行"的关系，其中还包含有理论与实践的关系、思考与修养的关系、传承与创新的关系等，但内在的核心仍然是"知行"关系，实践中仍然是学、思、行的不同践行方式。从教育思想的创新上讲，学行教育思想把"以生为本，以学为本，发展为本"三本教育思想融入了知行思想中，同时也将陶行知的生活教育思想、社会认知心理学的主体认知理论等融入了学行课程建设体系中，最值得称赞的是，学行教育重视"学行兼备，有学有行"

的学行素养的培养。所以说，学行教育思想是对知行合一思想、人本主义思想、生活教育思想等各方面的一种重新选择与组合，是对于新时期全面实施素质教育、培养学生核心素养的一种教育创新。

中国梦要有教育梦，实现中华民族的伟大复兴，需要有教育的理想与追求。学行教育，把中国特色的教育梦放到基础教育的教育理想与追求上。一方面，学行教育有着内在的、深厚的文化基础，更有着"增广学行，益国利民"始终如一的办学理念；另一方面，学行教育把"行远自迩，登高自卑"作为学校育人的传统精髓，是素质教育与立德树人任务的精确表述。

思想有多远，路就能行多远。学行教育的思想可谓是志向高远，因此，学行教育的路也会成为一条关于素质教育的金光大道。虽然说学行教育的思想宝库目前还需要不断的丰富与完善，但就广益中学校的教育实践与教育成就而言，它的未来不会很差，相信它会能全面提高教育质量，全面深化教育改革，成为特色发展教育之路上的一朵艳丽的花朵。

中国人讲求因果关系，唯物辩证法重视内因与外因的关系。学行教育如果说是广益中学校教育的内因，那么其培养的人才质量，对于巴渝基础教育的影响则是外在的果实。如果学行教育这个内因是有正能量、有正确的思路的教育能量和教育思路，我认为其外在的果实一定会丰硕，一定会因为其文化内涵与课程育人的特殊性，取得令人意想不到的成果。

最后对于本书中获取的信息资料，特别是若干的参考文献的作者，虽不一一列举，但深表谢意，是你们的物化成果造就了学行教育的深入研究与发展，是你们的汗水浇灌了学行教育的幼苗成长。不经风雨，何以能见到彩虹。学行教育这棵大树的根茎叶、花果实，仍需要教育界内外的仁人志士用关爱来扶持，它的不足与欠缺，希望能得到斧正。

重庆市广益中学校校长　章显林

2020年9月于重庆南山文峰塔

图书在版编目（CIP）数据

学行教育实践论：重庆市广益中学校学行教育理论与实践 / 章显林编著. — 成都：四川人民出版社，2021.10
ISBN 978-7-220-12097-8

Ⅰ.①学… Ⅱ.①章… Ⅲ.①中学教育－文集 Ⅳ.①G63-53

中国版本图书馆CIP数据核字（2021）第160438号

XUEXING JIAOYU SHIJIAN LUN

学行教育实践论
—— 重庆市广益中学校学行教育理论与实践

章显林　编著

出 品 人	黄立新
责任编辑	戴黎莎
责任校对	吴 玥
封面设计	李其飞
版式设计	戴雨虹
责任印制	周 奇
出版发行	四川人民出版社（成都市槐树街 2 号）
网 址	http://www.scpph.com
E-mail	scrmcbs@sina.com
新浪微博	@ 四川人民出版社
微信公众号	四川人民出版社
发行部业务电话	（028）86259624 86259453
防盗版举报电话	（028）86259624
照 排	四川最近文化传播有限公司
印 刷	四川五洲彩印有限责任公司
成品尺寸	160mm × 240mm
印 张	17.5
字 数	230 千
版 次	2021 年 10 月第 1 版
印 次	2021 年 10 月第 1 次印刷
印 数	1-3000 册
书 号	ISBN 978-7-220-12097-8
定 价	72.00 元